# CHEZ
# LES POÈTES

ÉTUDES

*TRADUCTIONS ET IMITATIONS EN VERS*

PAR

L'AUTEUR DES IAMBES

PARIS

E. DENTU, ÉDITEUR

LIBRAIRE DE LA SOCIÉTÉ DES GENS DE LETTRES

PALAIS-ROYAL, 15-17-19, GALERIE D'ORLÉANS

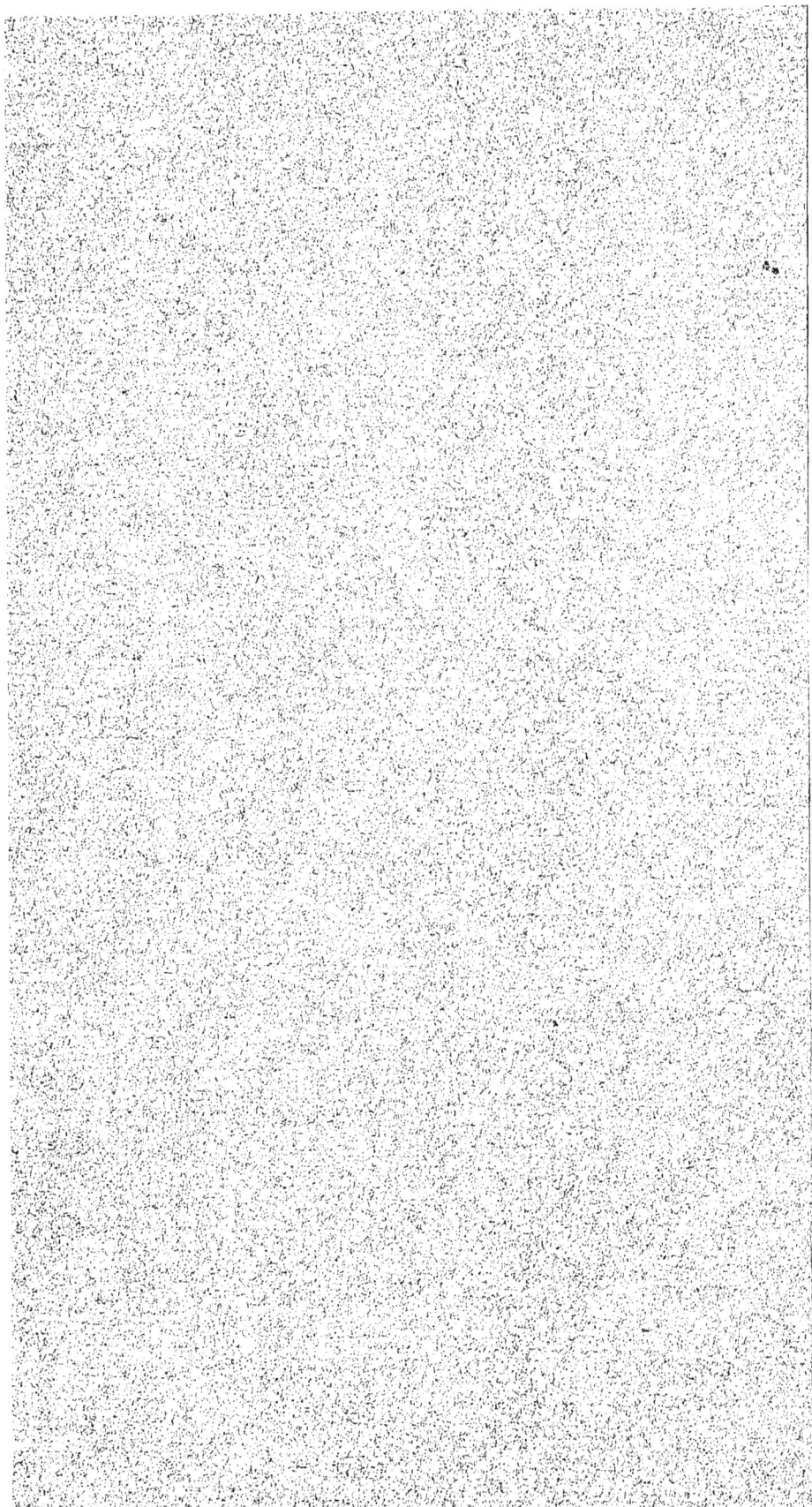

# ÉTUDES

1201

# CHEZ
# LES POÈTES

ÉTUDES

TRADUCTIONS ET IMITATIONS EN VERS

PAR

L'AUTEUR DES *IAMBES* *(Auguste Barbier)*

E. D

PARIS

E. DENTU, ÉDITEUR

LIBRAIRE DE LA SOCIÉTÉ DES GENS DE LETTRES

PALAIS-ROYAL, 15-17-19, GALERIE D'ORLÉANS.

—

1882

Dans notre longue existence d'écrivain, une de nos plus douces occupations a été la lecture des poètes, non seulement ceux de l'antiquité classique mais encore ceux des pays étrangers, du vieil Orient et de l'Occident moderne. Toutes les fois qu'une pièce de vers, un fragment de poème nous charmaient et nous émouvaient, nous ne pouvions résister au plaisir de les faire passer dans notre langue et, alors, selon la portée de nos connaissances, nous les traduisions strictement de l'original, ou nous les imitions ou même nous n'en prenions que l'inspiration en tâchant de conserver le plus possible quelque chose de la grâce, de la vigueur et même de la forme du maître. C'est ainsi que, sans esprit de système et presque à l'aventure, s'est formé ce petit recueil. On peut trouver de semblables essais de traduction et d'imitation dans l'œuvre de presque tous nos poètes, depuis RONSARD jusqu'à nos jours.

A. B.

Fontainebleau. — E. Bourges, imp. breveté.

# HYMNE A LA PAIX

Sois parmi nous toujours avec bonheur reçue
O mère d'allégresse, ô sainte et douce Paix !
C'est en te retrouvant après t'avoir perdue
    Qu'on sent le prix de tes bienfaits.

La Paix met en honneur le travail des campagnes ;
Les socs et les hoyaux brillent au plein azur
Tandis que du soldat, homicides compagnes,
Les lances et le glaive, aux noirs crochets du mur,
Se rouillent tristement en un repos obscur.

Avec la Paix renaît le calme dans les villes ;
Les clairons ont fini leurs terribles concerts ;
Partout les tendres cœurs des mères sont tranquilles

1

Et l'on n'entend monter à la voûte des airs
Que le cri du plaisir et le chant des beaux vers.

Puisse durer la Paix ! Puissent les jours prospères
Qu'elle file aux humains de ses doigts bienveillants
Des siècles resplendir, afin que l'or des pères
Et tous les biens acquis par leurs soins vigilants
Se transmettent sans trouble à leurs petits enfants !

Sois toujours parmi nous avec bonheur reçue
O mère d'allégresse, ô sainte et douce Paix !
C'est en te retrouvant après t'avoir perdue
    Qu'on sent le prix de tes bienfaits.

                  Imité de TIBULLE.

# ACHILLE ET DEIDAMIE

. . . . . . . . . . . . . . . . . . . . .

Parmi ses jeunes sœurs, seule, Deïdamie
Avait d'un œil subtil deviné son amie.
Elle avait deviné que son air féminin
Et ses habits trompeurs dérobaient le destin
D'un mâle enfant des Dieux. Cette vue indiscrète
Dont elle sent la faute en secret l'inquiète
Et, quoique à cet égard, ses sœurs ne disent mot
Elle se croit sans voile à leurs yeux ; car sitôt
Qu'Achille fut entré dans la troupe charmante
Et qu'un dernier discours de sa mère tremblante
Eût fait évanouir sa farouche pudeur,
Le bel adolescent, en cet aimable chœur

De vierges se pressant sur ses pas, pour amie
Avait, sans hésiter, choisi Deïdamie.
Déjà dans leurs doux jeux, malicieux garçon,
Il médite en secret plus d'une trahison.
Partout d'un vif élan il suit son pas rapide
Et la couve partout de son regard avide.
Tantôt à ses côtés il se presse si fort
Qu'elle rit sans pourtant se soustraire à l'effort.
Tantôt feignant contre elle un accès de colère,
Il la fustige avec sa guirlande légère,
Le bord de son panier à dessein renversé
Ou son thyrse brillant mollement balancé.
Puis, agitant les fils de la lyre sonore,
Il lui montre les airs que chantait le Centaure,
Lui fait tirer des sons et tout en les menant
Froisse ses jolis doigts sur le fil résonnant.
Puis soudain arrêtant le chant de son élève
Dans ses bras vigoureux il la serre, l'enlève
Et par mille baisers célèbre son talent.
Alors Deïdamie avec plaisir apprend
Combien du Pélion se dresse haut la cîme,
Combien le petit-fils d'Eaque est magnanime
Et le nom répété de ce jeune héros,
Ses actes généreux, ses courses, ses travaux,
Frappent la belle enfant d'étonnement extrême
Et sa voix chante Achille aux yeux d'Achille même.

A son tour, elle enseigne à sa robuste sœur
A déployer ses bras avec moins de vigueur,
A paraître en ses jeux plus modeste et plus douce.
Elle lui montre aussi comment avec le pouce
On tord la blanche laine étirée en cordeau;
Puis soudain recouvrant de laine le fuseau
Et reprenant la tâche elle répare, agile,
Le mauvais travail fait par la main inhabile.
Cependant le son mâle et vibrant de la voix
D'Achille, ses baisers forts et chauds à la fois,
Son dédain de toute autre et sa noire prunelle
Flamboyante, tournée incessamment sur elle,
Puis ses discours cent fois par des soupirs rompus,
Tout l'étonne et l'emplit de troubles inconnus.
Plus d'une fois l'Éphèbe emporté par l'ivresse
Veut découvrir la ruse à sa jeune maîtresse,
Mais la vierge légère, avec la joue en feu,
S'échappe et sur-le-champ laisse en suspens l'aveu.

Traduit de STACE.

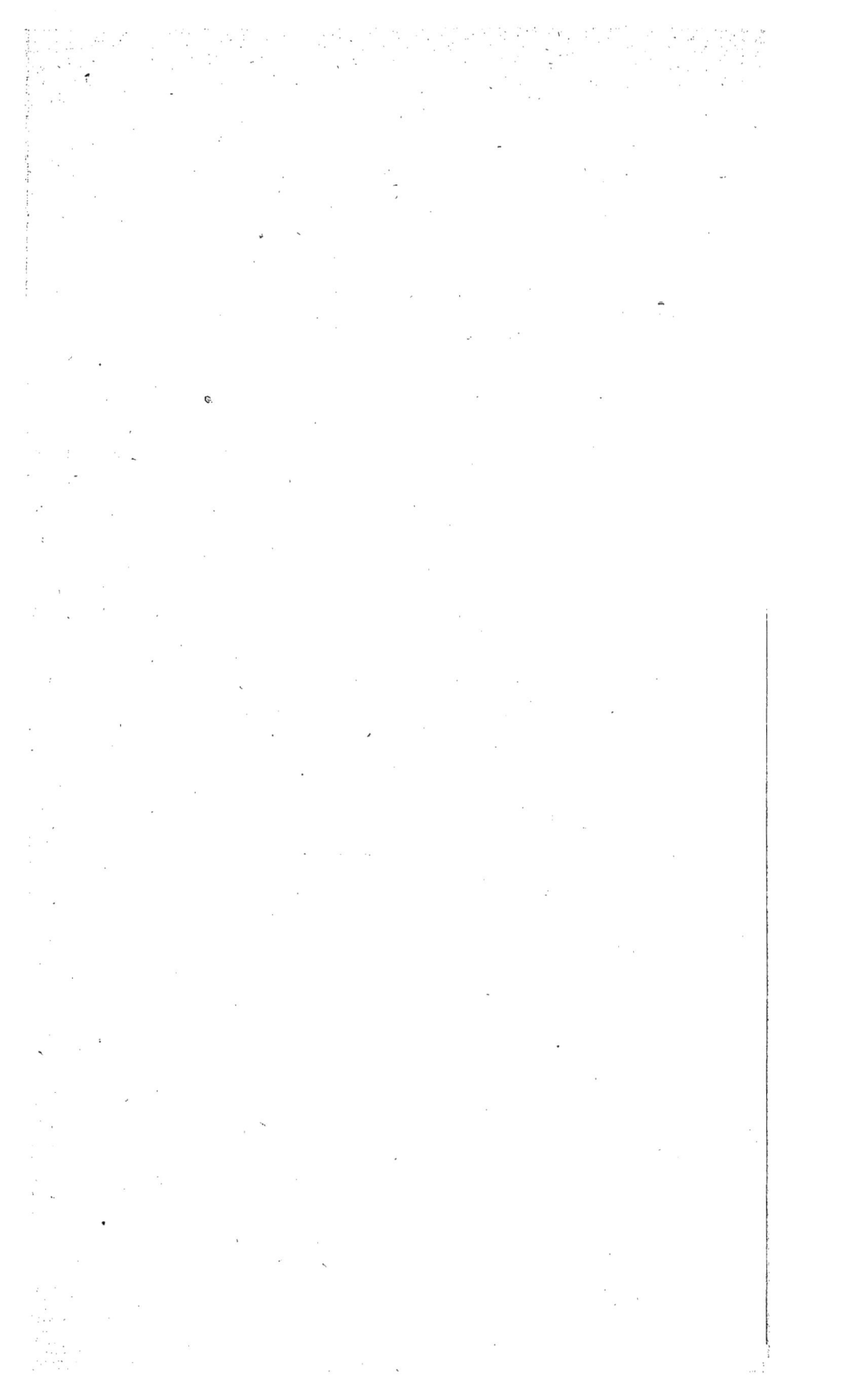

# A QUINTUS DELLIUS

Souviens-toi de garder toujours une âme égale
Dans le malheur et si la fortune s'installe
Près de toi, ne vas point par trop t'enorgueillir?
    O Dellius, tu dois mourir!

Soit que ta vie entière ait fui dans la tristesse,
Soit que du vieux Falerne ait versé l'allégresse
A ton corps en repos sur des gazons touffus;
    Un jour, tu n'existeras plus!

Aux lieux où le haut pin s'unit à la ramure
Du pâle peuplier, où l'onde au doux murmure
Tremblote dans le lit sinueux d'un ravin,
    Ami, fais apporter du vin!

Fais-y porter du nard, des roses fugitives
Et jouis du moment dont l'âge aux forces vives
Ton or et le fuseau des trois funestes sœurs
    T'accordent encor les douceurs.

Il te faudra quitter ton immense domaine,
Tes palais, ta villa, de tant de charmes pleine
Et que le noble Tibre à l'entour frémissant
    Caresse d'un flot jaunissant.

Ces biens, d'un héritier seront un jour la proie;
Car partout où l'azur des grands cieux se déploie,
Riche ou pauvre, non noble ou venant d'Inachus,
    Tout homme est le sujet d'Orcus.

Il nous presse le pas d'une même poursuite;
Notre sort en son urne également s'agite;
Tôt ou tard il l'en tire et son arrêt mortel
    Nous jette en l'exil éternel.

                     Traduit d'HORACE.

# DIDON AUX ENFERS

. . . . . . . . . . . . . . . .

Près de ces lieux, un sol d'une vaste étendue
Qu'on nomme *Champ-des-Pleurs*, se présente à la vue.
Là, des sentiers secrets coupent en maint détour
Un bois de myrthes verts où ceux qu'un dur amour
Sur la terre rongea d'une fièvre mortelle
Se cachent; là, leur peine incessante, cruelle,
Les tourmente et les suit même dans le trépas.
Énée en avançant rencontre sur ses pas
Procris, Phèdre, Eryphile étalant la blessure
Qu'elle reçut d'un fils, Pasiphaë l'impure,
Laodamie auprès d'Évadné, puis Cœnis
Qui, sur terre changée en homme, au noir pays

Du terrible Pluton reprit sa forme ancienne.
Il aperçoit aussi Didon, la phénicienne,
Errant dans la forêt avec la marque au sein
Du coup récent porté par le fer assassin.


Dès qu'il l'eut reconnue à travers l'ombre obscure
Ainsi que quelqu'un voit ou croit voir la figure
De la lune au début de son cours et sortant
D'un nuage, il pleura, puis, soudain l'accostant,
Il lui dit de l'accent le plus doux, le plus tendre :
« Malheureuse Didon! ce qu'on me fit entendre
» De toi, là-haut sur terre, était donc vrai? Ta mort
» Dont j'étais cause avait résulté de l'effort
» De tes sanglantes mains recourant aux extrêmes.
» Ah! par les feux du ciel et par les Dieux suprêmes,
» Je jure, si l'Enfer garantit les serments,
» Que c'est contre mon vœu, contre mes sentiments,
» Reine, que j'ai quitté le sol de ton empire.
» La voix seule des Dieux a chassé mon navire;
» Les Dieux qui m'imposant encor leur dure loi
» M'entraînent en ces lieux et m'y font, malgré moi,
» A travers des sentiers d'horreur, humides, sombres,
» Marcher péniblement dans une foule d'ombres.
» Non, je n'ai jamais pu croire que mon départ
» A ton fatal dessein dût avoir tant de part

» Et qu'il navrât ton cœur d'une douleur si vive.

» Reste devant mes yeux, arrête, fugitive !

» De qui t'éloignes-tu ? C'est la dernière fois

» Que le sort me permet de t'envoyer ma voix

» Et d'entendre la tienne..... »

Ainsi parlait Énée

Et, touché du destin de cette infortunée,

Il voulait l'adoucir, elle, encore aux Enfers,

Furieuse et lançant des regards de travers,

Et ses larmes coulaient. Mais, ferme en sa tenue,

Les yeux fixés au sol, Didon n'était émue

D'aucun des mots sortis des lèvres du héros;

Immobile, elle avait l'air d'un bloc de Paros.

Enfin elle s'échappe et toujours indignée

Elle se réfugie à l'ombrage où *Sichée*

Époux d'un premier lit, la paye de retour,

Console sa souffrance et l'égale en amour.....

Et le héros, ému d'une fin si cruelle,

Longtemps la suit des yeux, pleure et gémit sur elle.

Traduit de VIRGILE.

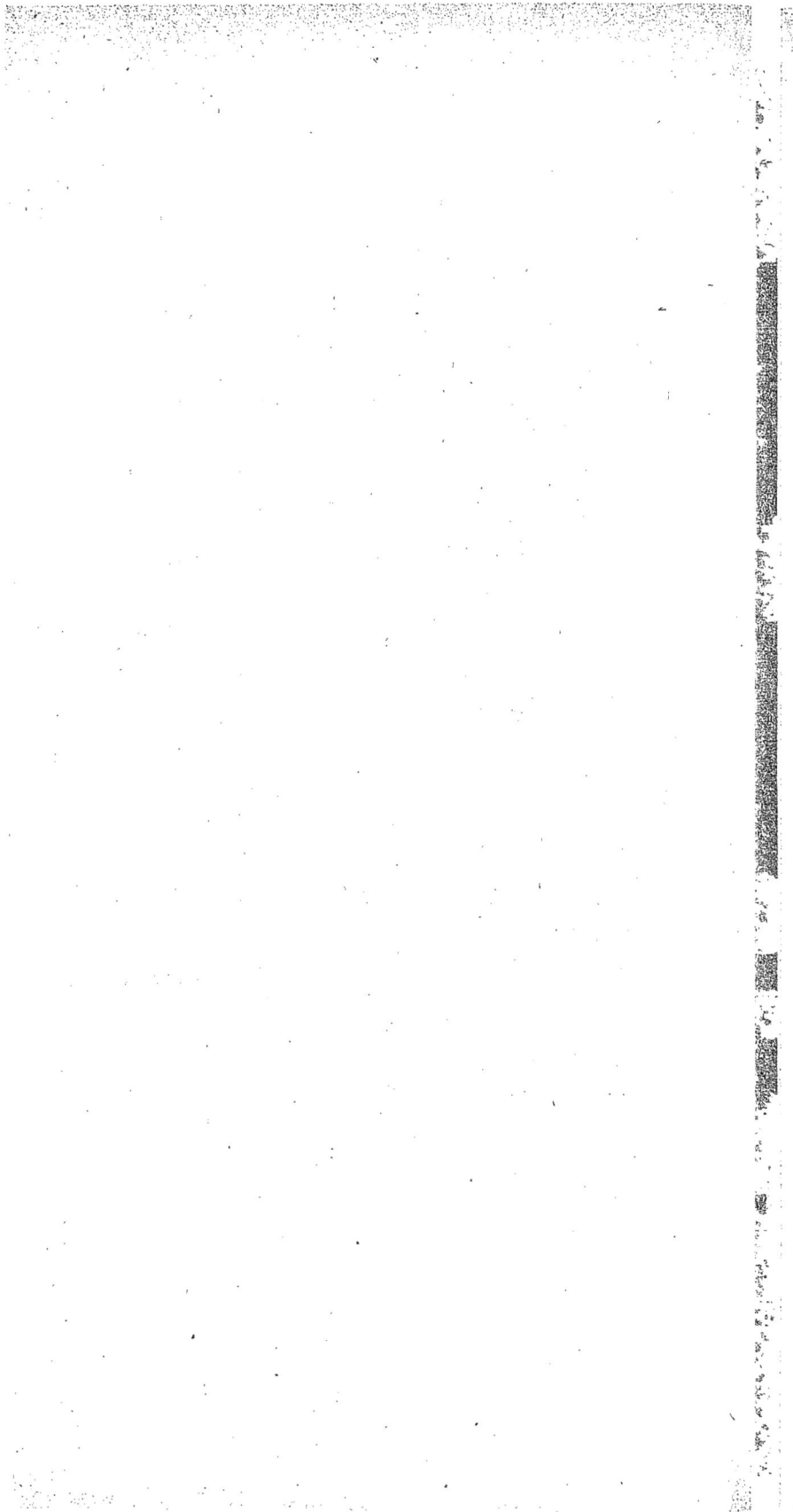

# LA VACHE DE LUCRÈCE

Souvent, frappé du fer auprès des saints autels,
Parmi les flots d'encens qu'on offre aux immortels
Un jeune taureau tombe et l'on voit sa poitrine
Épandre son sang chaud en onde purpurine.
Sa mère qui déjà ne l'est plus, tristement
Parcourt les verts sentiers des grands bois, imprimant
Sur la terre des pas pressés que rien n'arrête.
Elle sonde tout lieu de sa vue inquiète
Cherchant si quelque part ne se retrouverait
L'enfant qu'elle a perdu, puis l'ombreuse forêt
S'emplit des longs accents de sa voix lamentable,
Puis lasse de mugir elle rentre à l'étable
Et, là, reste immobile, au sol le pied rivé,
Et toute au noir regret de son cher enlevé.

Ni tendres saules verts, ni plantes rajeunies

Par les pleurs du matin dans les grasses prairies,

Ni fleuves aux grands bords teints de vives couleurs,

Rien ne peut la charmer et chasser ses douleurs.

Vainement devant elle, en de fraîches pâtures,

D'autres jeunes taureaux aux folâtres allures

Bondissent, leur aspect ne distrait point ses yeux;

Nul ne donne le change à son cœur soucieux

Car, aucun d'eux n'est là celui qu'en sa tendresse

Elle connaît si bien et va cherchant sans cesse.

*Traduit du latin.*

# UNE SATIRE DE VIRGILE

PARAPHRASE

Quand le bœuf à pas lents a labouré la plaine
    A d'autres le blé des sillons;
Quand l'abeille fervente a fait la ruche pleine
    A d'autres le miel des rayons;
A d'autres les beaux nids que l'hirondelle vive
    Maçonne pour dormir le soir;
A d'autres les baisers qu'une bouche naïve
    Sur vos yeux devait laisser choir;
A d'autres le gibier qu'un pauvre chien de chasse
    Tout un long jour a pourchassé;
A d'autres le profit des rimes qu'on enlace;
    A d'autres ce qu'on a pensé.

# CONTRE LE LUXE

Dans un temps reculé mais plus semblable au nôtre
Qu'on ne pense, un ami du juste, un grand apôtre
Tenait aux corrompus de sa vieille cité
Ce discours plein de verve et de noble âpreté.

. . . . . . . . . . . . . . . . . . .

Ne demandons qu'au soc l'aliment de nos tables;
Vivre de ces produits, c'est nous rendre agréables
A ces augustes Dieux dont le tendre secours
Par le bienfait des blés adoucissant nos jours
Nous dégoûta du gland qui nourrissait nos pères.
Jamais ils n'ouvriront au vice leurs chaumières
Ceux qui n'ont point rougeur de se chausser le pié
D'une guêtre rustique et, le jarret ployé,

2

De courir vaillamment sur la neige et la glace.

Jamais il ne sera la honte de sa race

Celui qui se taillant des habits dans la peau

Des bêtes, sous leurs poils affronte le fléau

Des rudes aquilons. C'est la pourpre étrangère,

La pourpre au fin tissu qui mène à l'adultère

Au poison, en un mot, aux crimes odieux,

Qui font sur les États tomber l'ire des Dieux.

. . . . . . . . . . . . . . . . . . .

O puissant Juvénal, telle était l'hyperbole

Que sur Rome lançait ta mordante parole;

Et c'était justement qu'ainsi tu la navrais

Car le fer du barbare et sa chute étaient près.

Traduit de JUVÉNAL.

# INVOCATION D'OSSIAN AU SOLEIL

Toi qui roules au ciel, rond et plein de lumières,
Comme le bouclier qu'au bras portaient nos pères,
D'où viennent tes rayons, ô sublime Soleil !
Et l'éternelle ardeur de ton foyer vermeil ?
Sitôt que tu parais les timides étoiles
Se cachent et la Lune aussi cherche des voiles,
Pâle et froide, aux flots noirs de l'Occident, mais toi,
Tu marches seul ! qui peut t'accompagner, ô Roi !
Les chênes des hauts monts tombent et les montagnes
Descendent avec l'âge au niveau des campagnes ;
La mer monte, s'abaisse et dans les vastes cieux
La lune perd souvent son front mystérieux ;
Toi, l'on t'y voit toujours, toi, tu restes le même,
Magnifique et joyeux en ton éclat suprême.

Lorsque la terre et l'eau d'ombres sont recouverts,
Que le tonnerre gronde et luisent les éclairs,
L'orage n'ôte rien à ta beauté parfaite ;
Tu surmontes la nue et ris de la tempête.
Mais en vain tes regards plongent sur moi, mes yeux
Ne peuvent plus jouir de l'éclat de tes feux.
Soit que tes cheveux d'or sur l'onde orientale
Flottent, soit que des mers la vague occidentale
T'accueille en frémissant, comme moi, pur rayon,
Peut-être ne vis-tu que pour une saison,
Et, mourant, iras-tu dormir dans les nuages,
Sourd aux voix du matin qui te comblaient d'hommages ?
Triomphe donc, bel astre aux crins étincelants,
Triomphe dans ta force et dans tes jeunes ans !
La vieillesse impuissante est sombre et délaissée ;
Elle ressemble, hélas ! à la lueur glacée
De la Lune perçant les nuages épars
Et glissant sur les monts à travers les brouillards ;
Elle est le voyageur marchant, seul, avec peine,
A l'âpre vent du Nord qui rugit dans la plaine.

Traduit librement des poèmes de MAC-PHERSON.

# CHANT GAELIQUE

PENDANT UN MASSACRE DE BARDES

O glaives, levez-vous! frappez le coup de mort!
Il est doux de tomber comme des sombres plaines
Du ciel tombe l'éclair; au moins, vaincus du sort,
Nous aurons liberté des cœurs et des haleines :
Jamais les fils du chant ne vivront dans les chaînes!

N'avons-nous pas foulé les cimes du pays
Où dorment les héros dans leurs couches hautaines?
De leur sang les torrents descendent tout rougis;
Au bas, nous fléchirions sous l'outrage et les haines :
Jamais les fils du chant ne vivront dans les chaînes!

Reposons bravement sur le sol des aïeux :
Qui n'y voudrait dormir, quand, le feu de nos veines,
La Liberté se meurt... O palais glorieux,
Vous n'aurez plus le bruit de nos voix souveraines :
Jamais les fils du chant ne vivront dans les chaînes!

D'après une poésie du temps d'Édouard Ier.

# L'AMOUR DE LA MER

## CHANT D'UN PIRATE

A l'âge de quinze ans, notre vieille chaumière
Me sembla trop étroite et fatigua mes yeux ;
Je n'aimais plus garder les chèvres de ma mère ;
Mon humeur s'altéra, j'abandonnai mes jeux,
Comme par le passé, sur la verte bruyère,
Au fond de nos grands bois je n'errais plus joyeux.


Agité, je courais à la roche hautaine
Pour contempler la mer dans son gouffre béant ;
Des flots tumultueux la rumeur incertaine
Portait à mon oreille un accord enivrant ;
Car ils viennent de loin et rien ne les enchaîne
　　　Sur l'Océan.

Dans la baie, un matin, une barque légère
Entra comme une flèche, alors, tout palpitant
Et le front enflammé, je compris ma misère
Et soudain je quittai tout ce que j'aimais tant,
Ma mère, mes chevreaux, pour suivre le corsaire
      Sur l'Océan.

Loin du bord je volais sur la vague mobile
Comme l'oiseau dans l'air emporté par le vent.
La terre disparut, alors, le cœur tranquille,
Je jurai par mon père et mon glaive mouvant
De conquérir bientôt des terres, une ville
      Sur l'Océan.

A l'âge de seize ans je tuai le corsaire;
Il m'avait nommé lâche et, des flots roi puissant,
Je brûlai maint vaisseau, ravageai mainte terre
Puis, regagnant ma nef, les mains rouges de sang,
Je livrai ma rapine à ma troupe guerrière
      Sur l'Océan.

Dans la coupe de corne, au fort de la tempête,
Ensemble nous buvions l'hydromel écumant.
Une vierge gauloise un jour fut ma conquête;
Elle pleura trois nuits puis, son cœur se calmant,
Je célébrai ma noce en donnant une fête
      Sur l'Océan.

J'eus des États, je bus dans un palais de pierre ;
Quelque temps je régnai sur un peuple opulent ;
Je dormis en des murs une saison entière,
Ce fut tout un hiver : Ah ! qu'il me parût lent !
Que j'étais à l'étroit en comparant la terre
     A l'Océan !

Roi, je ne faisais rien, mais tourmenté sans cesse,
Je servais de rempart au toit de l'indigent,
A secourir des fous j'épuisais ma richesse,
Je ne voyais que faux, mensonges, vols d'argent
Et regrettais les jours où j'allais, plein d'ivresse,
     Sur l'Océan.

Enfin, l'hiver passa, le printemps sur la rive
Fit fleurir l'anémone et le flot caressant
Me semblait dire : En mer, en mer, la brise arrive !
L'oiseau des bois avait repris son doux accent
Et les fleuves émus, leur course fugitive
     Vers l'Océan.

Je me sentais épris des mouvements de l'onde ;
J'éprouvai le retour de mon premier penchant ;
Je brisai ma couronne et n'ayant rien au monde
Qu'un glaive et qu'un vaisseau, je repris sur-le-champ
Ma première existence ardente et vagabonde
     Sur l'Océan.

Libre comme les airs sur la vague lointaine
Je touchai tous les bords et j'y vis constamment
Vivre et mourir d'ennui partout la race humaine
Tandis que le souci du pirate content
Suivait en vain la nef à la trace incertaine
   Sur l'Océan.

J'épiais les vaisseaux échoués sur la grève,
Quelquefois j'épargnais la voile du marchand ;
Pour celle du pirate il n'était point de trêve,
Car faut toujours au brave un triomphe sanglant ;
L'amitié du pirate est l'amitié du glaive
   Sur l'Océan.

Je rêvais de ma proue un avenir immense ;
Le jour près d'elle assis je voguais plus gaîment
Qu'un cygne au blanc poitrail qui sur l'eau se balance ;
A mes yeux nul butin ne s'offrait vainement ;
Rien au monde pour moi n'entravait l'espérance
   Sur l'Océan.

Mais la nuit, sur ma poupe, en butte à la tempête,
Il me semblait ouïr dans les bruits de l'autan
Les trois Nornes tissant leur toile sur ma tête ;
Sur terre comme en mer le sort est inconstant :
Autant vaut supporter les coups qu'il nous apprête
   Sur l'Océan.

J'ai vingt ans, l'infortune est bientôt survenue
Et les flots aujourd'hui me demandent mon sang :
Que sa pourpre en leur sein s'est de fois répandue,
Et comme avec vitesse il bat, ce cœur brûlant
Qui sous peu va dormir dans la froide étendue
      De l'Océan !

Ah! je ne me plains pas si déjà je succombe!
Tout chemin mène au ciel — le plus court m'est séant.
J'entends le gouffre vert avant que je n'y tombe
Entonner de ma mort le rauque et sombre chant :
J'ai vécu sur les flots, je dois trouver ma tombe
      Dans l'Océan.

Ainsi chante un pirate échappé du naufrage
Sur le bout d'un rescif que l'onde va couvrir. —
La mer monte, l'entraîne... et comme avant l'orage
Le vent folâtre et doux se remet à courir;
L'onde reprend aussi son murmure sauvage;
Mais du brave expiré reste le souvenir.

Imité d'un poète suédois.

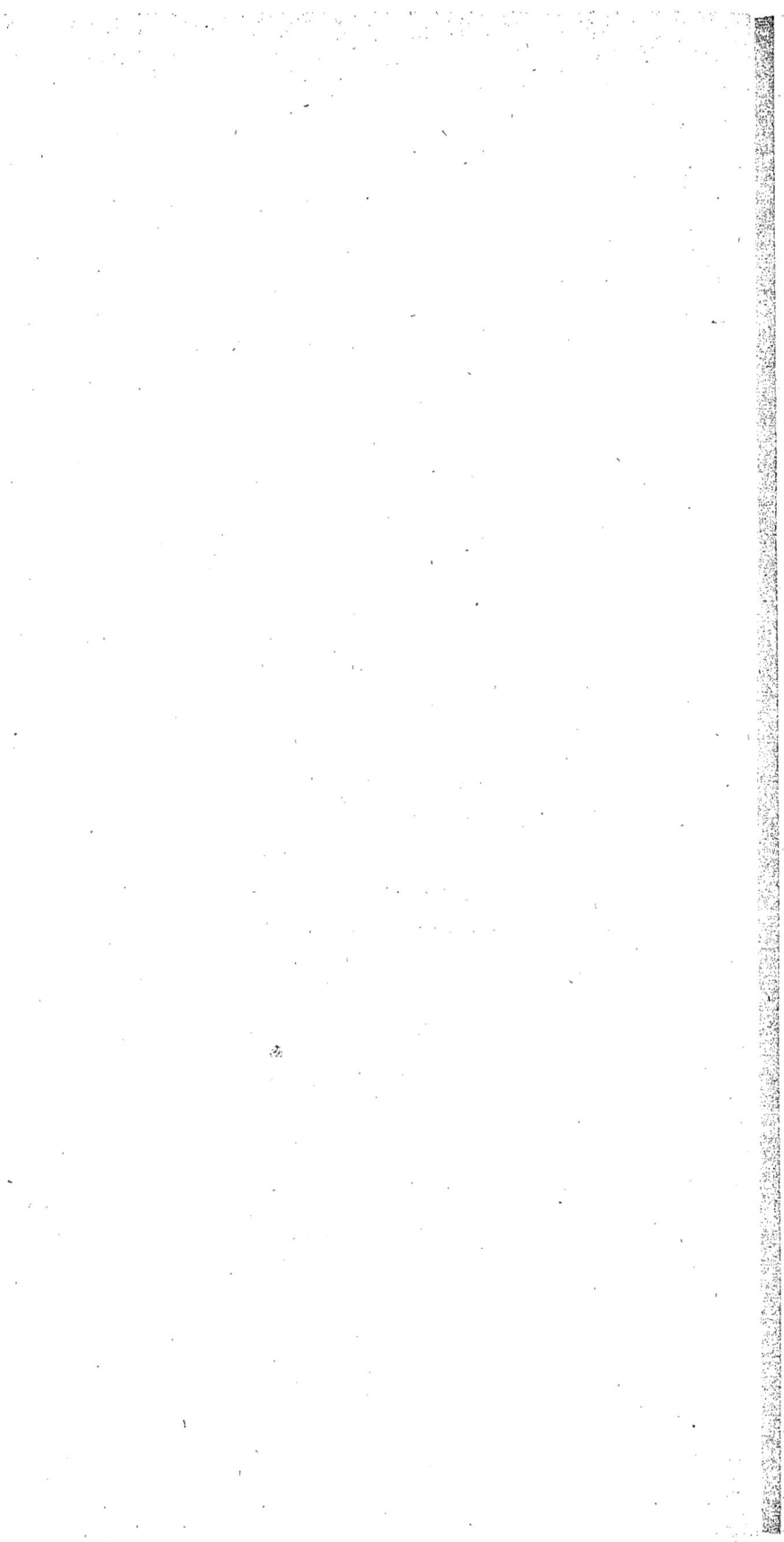

# LE VIN DES GAULOIS ET LA DANSE DE L'ÉPÉE

CHANT BRETON

Feu, feu, feu, fer et feu ; feu, feu, feu, fer et feu !
O terre, ô chêne, ô flot; terre, chêne et flot bleu !

Mieux vaut du vin blanc de raisin
Que de mûre au jus purpurin,
Mieux vaut du vin blanc de raisin !

Mieux vaut du vin clair et mousseux
Qu'hydromel pesant et terreux,
Mieux vaut du vin clair et mousseux !

Mieux vaut du vin de cep gaulois
Que du vin de pomme des bois
Mieux vaut du vin de cep gaulois !

Aux Gaulois feuille et cep, fumier,
Mais à nous, Bretons, cœurs d'acier,
Le vin blanc au suc nourricier !

Sang et vin coulent aux combats
Comme flots ne tarissant pas,
Flots de vin blanc et de sang gras.

Des Gaulois buvons le vin blanc
Et le sang rouge ; vin et sang
Pour qui les boit feu bienfaisant !

Sang, vin et danse, à toi, Soleil !
Sang et vin c'est ton teint vermeil ;
A tous les trois rien de pareil.

Et danse et chant, bataille et bond,
Danse du glaive en large rond,
Chant du glaive à l'accent profond !

Bataille où le fer met l'effroi,
Glaive au champ du carnage roi,
Que l'arc-en-ciel brille sur toi !

Feu, feu, feu, fer et feu ; feu, feu, feu, fer et feu !
O terre, ô chêne, ô flot ; terre, chêne et flot bleu !

D'après la version de M. DE LA VILLEMARQUÉ.

# MORT D'OLIVIER

. . . . . . . . . . . . . . . . . . .

Olivier sent qu'il est blessé à mort ;
Il ne saurait se venger assez fort.
Alors saisi d'un furieux transport
Il frappe, il tranche, et l'écu bouclé d'or
Et bois de lance et pieds et poings encor.
Qui l'aurait vu tailler ce peuple ord,
Amonceler par terre mort sur mort
Eût dit : Quel bon vassal, c'est un trésor !
Au cri de Charle il donne vite essor :
Mont-Joie et Dieu ! puis très haut et très fort
De son compère il appelle l'effort :
A moi, Roland ! Soyez mon reconfort !
Férir sans vous serait trop mauvais sort.

Aoi.

Roland regarde Olivier au visage :
Son teint est pâle et, comme ciel d'orage,
Le long du corps son sang est en coulage
Et par ruisseaux baigne le sol sauvage.
Que faire? hélas! ami, votre courage
Vous est funeste et pourtant en notre âge
Quel preux vit-on en avoir davantage?
Te voilà donc, douce France, en veuvage
Des meilleurs fils de ton noble lignage!
Notre Empereur en aura grand dommage.
Sur ce, Roland de ses sens perd l'usage.

Aoi.

Voilà Roland, sur son cheval, pâmé.
Olivier est devant lui tout blessé ;
Il saigne tant qu'il en a l'œil voilé,
Et qu'il ne peut voir même à son côté
Sire Roland qui gémit éploré.
Il frappe alors le haume d'or gemmé
De son ami, fend l'armet jusqu'au né
Mais en la tête il n'a point pénétré.
A ce dur choc Roland l'a regardé,
Puis doucement et calme il a crié :
Sire Olivier, est-ce de votre gré
Que vous avez ce grand coup déchargé?
Je suis Roland, qui toujours vous aimai,

Répondez-moi, m'avez-vous défié ?
Olivier dit : Je sais qui m'a parlé ;
Mais point n'y vois tant mon œil est troublé ;
Pardonnez-moi, si je vous ai frappé.
Roland répond : Je ne suis point navré.
Sur ce, chacun, l'un vers l'autre penché,
L'adieu sur terre à jamais s'est donné.

       Aoi.


Olivier sent venir le noir moment ;
Ses deux yeux vont dans sa tête tournant ;
Il perd l'ouïe et la vue et mettant
Pied sur la terre il s'y couche de flanc.
Là, confessant ses péchés clairement,
Il joint ses mains et dit en les haussant :
Dieu, donnez-moi le paradis riant,
Bénissez Charle et douce France autant
Et, par-dessus tout le monde, Roland !
Le cœur lui manque et, sa tête tombant,
De tout son long sur le sol il s'étend.
Ah ! c'en est fait, il est mort maintenant.
Auprès de lui pleure et gémit Roland.
Jamais n'oirrez un homme plus dolent.

       Aoi.

     Vers rajeunis de THÉROULDE.

          3

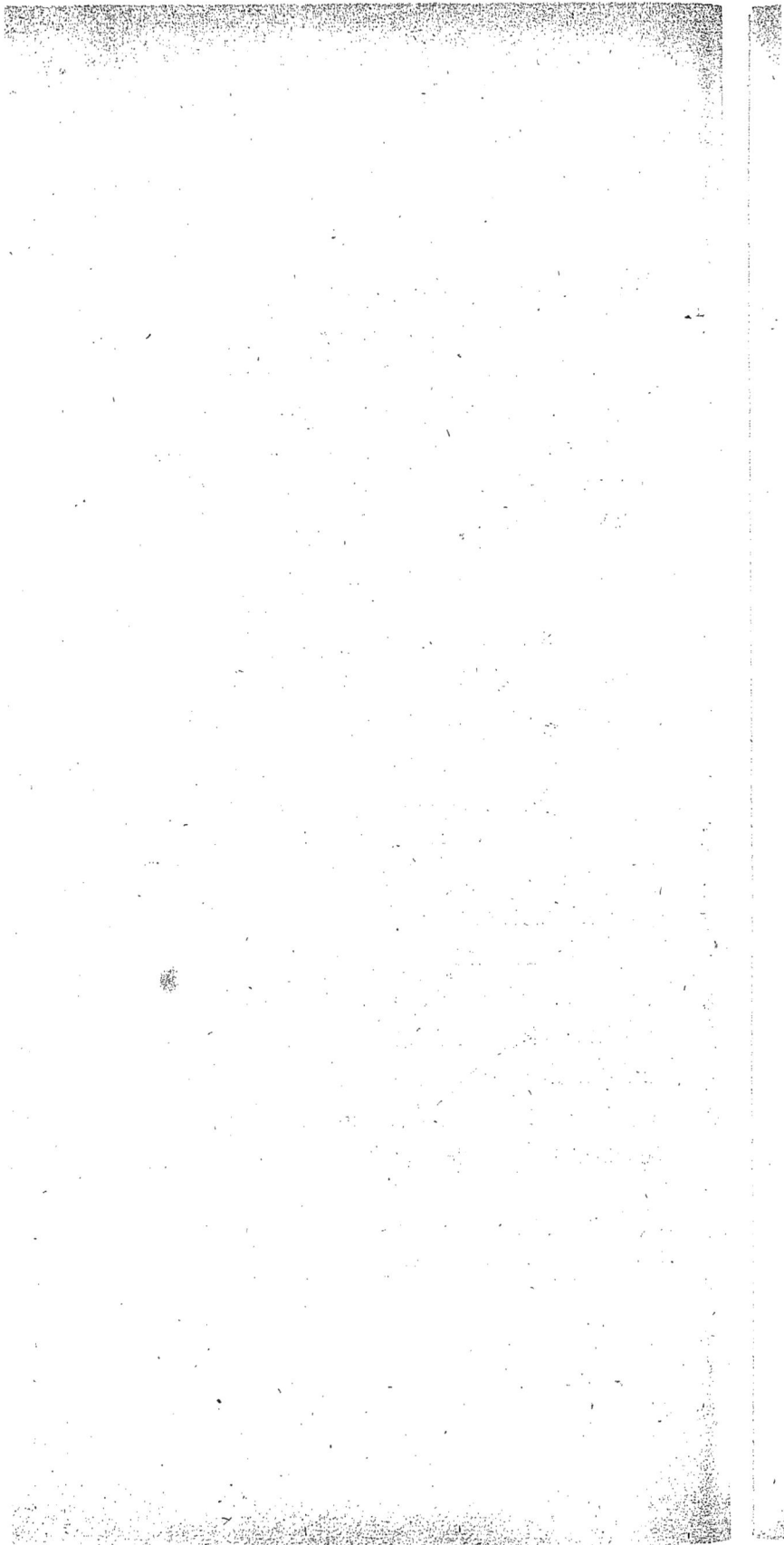

# CHANSON DU VIEUX TEMPS

Qui veut en amourette
Devenir vite heureux
Dòit être généreux
Et porter riche aigrette.
— Ce qui dames émeut,
C'est train de seigneurie ;
Mais, par sainte Marie,
N'a pas ce train qui veut !

D'une gentille brune
Je devins amoureux,
Mais, las ! pour être heureux
Amour ne vaut pécune.

— Ce qui dames émeut
C'est train de seigneurie ;
Mais, par sainte Marie,
N'est argentier qui veut !

J'avais en l'escarcelle
Deux beaux écus tout neufs ;
Je les donnai tous deux
Pour charmer la pucelle.
— Ce qui dames émeut,
C'est la galanterie ;
Mais, par sainte Marie,
N'est point galant qui veut !

Alors près de ma mie,
Le cœur plein d'un grand feu,
Je jurai de par Dieu
D'aimer toute la vie.
— Ce qui dames émeut
C'est bien forfanterie ;
Mais, par sainte Marie,
N'a pas ce ton qui veut !

Car après l'embrassade
Je fus des plus honteux.
J'avais l'air si piteux
Qu'elle me dit : maussade :

— Ce qui dames émeut
C'est la folle diablerie;
Ah! par sainte Marie,
N'est pas diable qui veut!

Hôla! ma Paquerette,
J'ai tout usé mon feu!...
En façons comme au jeu,
Au doux jeu d'amourette,
— Ce qui dames émeut
C'est train de seigneurie;
Mais, par sainte Marie,
N'a pas ce train qui veut!

Ballade de VILLON arrangée et rajeunie.

# L'ESPRIT DES EAUX

LÉGENDE

Deux enfants sur le bord d'une fraîche rivière
Jouaient et, dans leurs jeux folâtres, les petits
Tantôt au fil de l'eau faisaient bondir la pierre,
Tantôt allaient cueillant les bleus myosotis.

Tout à coup sur leurs pas, derrière un vert feuillage,
Éclatent dans les airs des sons mélodieux ;
Étonnés, doucement ils marchent à l'ombrage
Et l'auteur du doux bruit se découvre à leurs yeux.

C'était un Nixe blond, jeune homme en robe verte ;
Au pied d'un saule assis, tenant sa harpe d'or,
Il faisait sur les fils voler sa main alerte
Et chantait du flot pur le lumineux essor.

La musique était douce et qui pouvait l'entendre
Devait avoir le cœur plein d'attendrissement ;
Et pourtant les petits d'un mot sec et peu tendre
Accueillirent le barde et son doux instrument.

Nixe, lui dirent-ils, demeurez en silence ;
Pourquoi chanter encor? ne savez-vous donc pas
Que l'onde ne peut plus ouïr votre cadence
Car pour vous il n'est point de salut ici-bas.

A ces mots désolants le Nixe fut en larmes ;
Sa voix se répandit en douloureux sanglots
Et, sa harpe jetant, comme un guerrier ses armes,
Il disparut soudain sous le voile des eaux.

Les enfants enchantés de leur triste victoire
Rentrèrent au logis, joyeux et triomphants,
Et là trouvant leur père ils lui firent l'histoire
Du Nixe disparu sous les flots verdoyants.

Mais le père, homme bon, de piété sévère,
Ne les approuva point dans leurs malins récits ;
Il ne les baisa point comme à son ordinaire ;
Le mécontentement fronçait ses noirs sourcils.

Enfants, petits enfants, vous méritez le blâme ;
Envers le doux chanteur votre esprit s'est conduit

Fort mal, retournez donc vite calmer son âme
Et dites lui que Christ est mort aussi pour lui !

Lorsque les deux enfants revirent la rivière
Le Nixe avait quitté la profondeur des eaux,
Et sur la rive assis, les mains à la paupière,
Le cœur gros d'amertume, il poussait des sanglots.

Nixe, ne pleures plus, crièrent-ils ensemble ;
Notre bon père dit que notre sainte foi
Dans un commun salut tous les êtres rassemble
Et que le Rédempteur est mort aussi pour toi !

Ces mots inattendus furent pour l'âme en peine
Comme le cri divin d'un consolant espoir,
Comme le doux rayon d'une clarté sereine
Qui luit au prisonnier au fond d'un cachot noir.

Le Nixe rassuré sécha vite ses larmes ;
Il leva vers le ciel un œil brillant d'amour ;
Puis de sa harpe d'or la voix pleine de charmes
Résonna doucement jusqu'au tomber du jour.

Imité du vieil allemand.

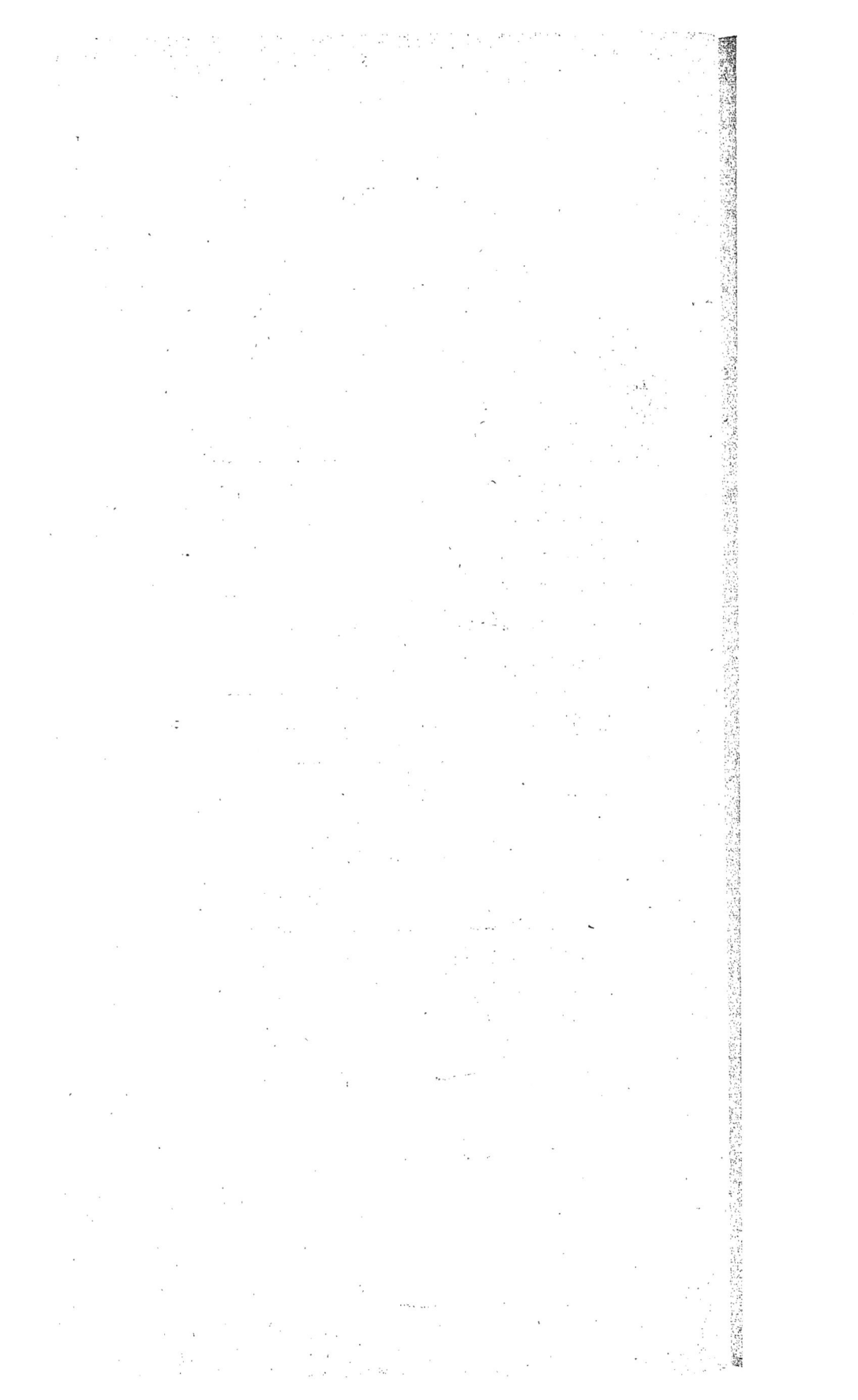

## ULTIMA VERBA

Où s'est enfui tout le temps de ma vie?
Elle-même, comment s'est-elle évanouie?

N'a-t-elle été qu'un rêve d'un moment;
Puis-je dire que j'ai vécu réellement?

N'ai-je adoré que de vaines chimères
Quand j'étais orgueilleux de tant de jours prospères?

Je crois avoir plongé dans un sommeil
Dont il ne m'est resté nulle trace au réveil.

De mon corps vieux les forces sont usées
Et celles de mon cœur encor plus épuisées.

J'ai sur le dos un lourd fardeau d'ennuis
Et plus d'accablements que porter je n'en puis.


Le monde est plein de souci, de souffrance
Qui conduisent mon âme à la désespérance.


Ah! quand je songe au passé si lointain,
Si promptement fuitif, je suis pris de chagrin;


Et le chagrin m'emporte comme une onde
Qui se brise et se perd en une mer profonde.....

Imité de WALTER VON DER VOGELWIELD. 1220.

# TABLEAU D'HIVER

Le ciel est d'un gris mat, la campagne est déserte,
La neige aux blancs flocons recouvre l'herbe verte
Et le pauvre bétail dans l'étable enfermé
Mange ou dort sur le flanc son somme accoutumé.
A peine aperçoit-on au dehors, dans la plaine,
Les pas égaux d'un bœuf qui lentement ramène
Le bois de la forêt tranché péniblement.
Tous les oiseaux ont fui — pour un ciel plus clément
Est parti sans regret leur sonore phalange.
On ne voit plus voler que la fauve mésange
Qui chante encore un peu malgré le froid qu'il fait,
Ou sauter çà et là le petit roitelet,
Et le moineau qui vient au seuil de la chaumière
Becqueter hardiment les grains tombés à terre.....

Hiver, ô triste hiver! Si rude que tu sois,

Ma lèvre cependant ne sera pas sans voix.

Malgré ton deuil lugubre et ta rigueur extrême

J'aurai toujours des chants pour la femme que j'aime.

Va, tu peux moissonner les feuilles des forêts

Ravir à nos prés verts et nos bocages frais

Toutes leurs douces fleurs, j'en trouverai pour elle.

Oui, du fond de ce chaume où ton souffle me cèle

Je saurai composer pour elle des bouquets

Non de lys, de jasmins, de roses et d'œillets,

Mais de vers amoureux et ces fleurs de mon âme

Écloses aux chaleurs d'une divine flamme

Braveront, sombre hiver, ton givre et tes frimas,

Car si l'art les avoue elles ne mourront pas.

Imité de GESNER.

# SCÈNE D'ÉTÉ

Un vieux poète un jour me tenait en émoi;
Je lisais sous un arbre et ma jeune maîtresse
Inquiète, vaguait, tournait autour de moi
Comme autour du berger son doux maître et son roi,
La chevrette qui veut qu'on la flatte et caresse.
Pourquoi lire toujours? pourquoi tenir mes yeux
Sur un papier sans vie et sur des lignes grêles,
Lorsque pour reflèter le feu de mes prunelles
Elle offrait deux miroirs aussi purs que les cieux?
Pourquoi de tant de mots appesantir ma tête
Et me pâlir le front lorsque son cœur brûlant
Repoussant à grands coups sa blanche chemisette
Pouvait si bien répondre à mon cœur palpitant?

Pauvre amie! elle était mécontente, jalouse
De mon livre et je crois qu'elle me l'eût ôté
De la main et jeté sur la verte pelouse
Sans la peur de déplaire et sa timidité.
Aussi pour apaiser sa tendre inquiétude,
Calmer l'élan discret de son divin tourment,
Laissant aller mon front sur son sein, mollement,
Je fermai le vieux livre et finis mon étude. —
Oh! comme alors son œil devint clair et perçant,
Comme sa lèvre en feu s'élança sur la mienne,
Comme le vent d'amour embaumait son haleine,
Que sa joue était rouge et son sein bondissant!
Elle avait triomphé, l'aimable et douce fille,
Vaincu le Dieu des vers et son fils immortel ;
Elle avait sans tonnerre et sans carreau qui brille
Jeté le vieil Homère en bas de son autel.
Ah! qu'est-ce que l'Olympe et ses rois magnanimes
A côté des splendeurs d'un visage amoureux?
Qu'est-ce que Zeus armé de ses foudres sublimes
En face de l'éclair parti de deux beaux yeux?
Qu'est auprès d'un baiser savoureux, l'ambroisie
Des purs festins de l'art et de la poésie,
Et que sont les transports du cerveau le plus grand
    Auprès des bonds d'un cœur aimant?

               Inspiré de GŒTHE.

# VANITAS VANITATUM

Je ne mets mon esprit sur rien,
C'est pourquoi je me trouve bien :
Qui veut me tenir compagnie
Ne songera plus qu'au bon vin
Et le boira jusqu'à la lie :
     Hourra !

Sur l'argent je mis mon esprit,
Avec l'argent l'ennui me prit :
L'argent est comme un flot qui roule,
Quand d'une main on le saisit
De l'autre bien vite il s'écoule.
     Hélas !

4

Aux belles je donnai mon cœur;
Mais il m'en arriva malheur :
L'amour faux me rendit volage,
Le vrai me sécha de maigreur,
Le meilleur n'est pas en usage.

      Hélas!

Des voyages bientôt épris,
Je quittai mon bon vieux pays;
Mais, loin de nos champs, quel malaise!
Mes discours n'étaient plus compris;
Partout lit dur, table mauvaise.

      Hélas!

Alors je voulus du renom;
Je fis prose et vers à foison,
Puis, quand j'eus attrapé la gloire,
Je fus digne de pendaison
Et je devins la bête noire.

      Hélas!

Enfin j'ai tenté les combats;
Maint grand coup illustra mon bras;
Pour l'ennemi, Dieu! quelle guerre!
Mais nos amis furent bien bas
Et ma jambe resta par terre.

      Hélas!

Maintenant je ne pense à rien
Aussi le monde m'appartient :
Tout finit, chanson, bonne chère ;
Reste le plus mauvais du vin :
Buvons-en la goutte dernière !

    Hourra !

                    Imité de GŒTHE.

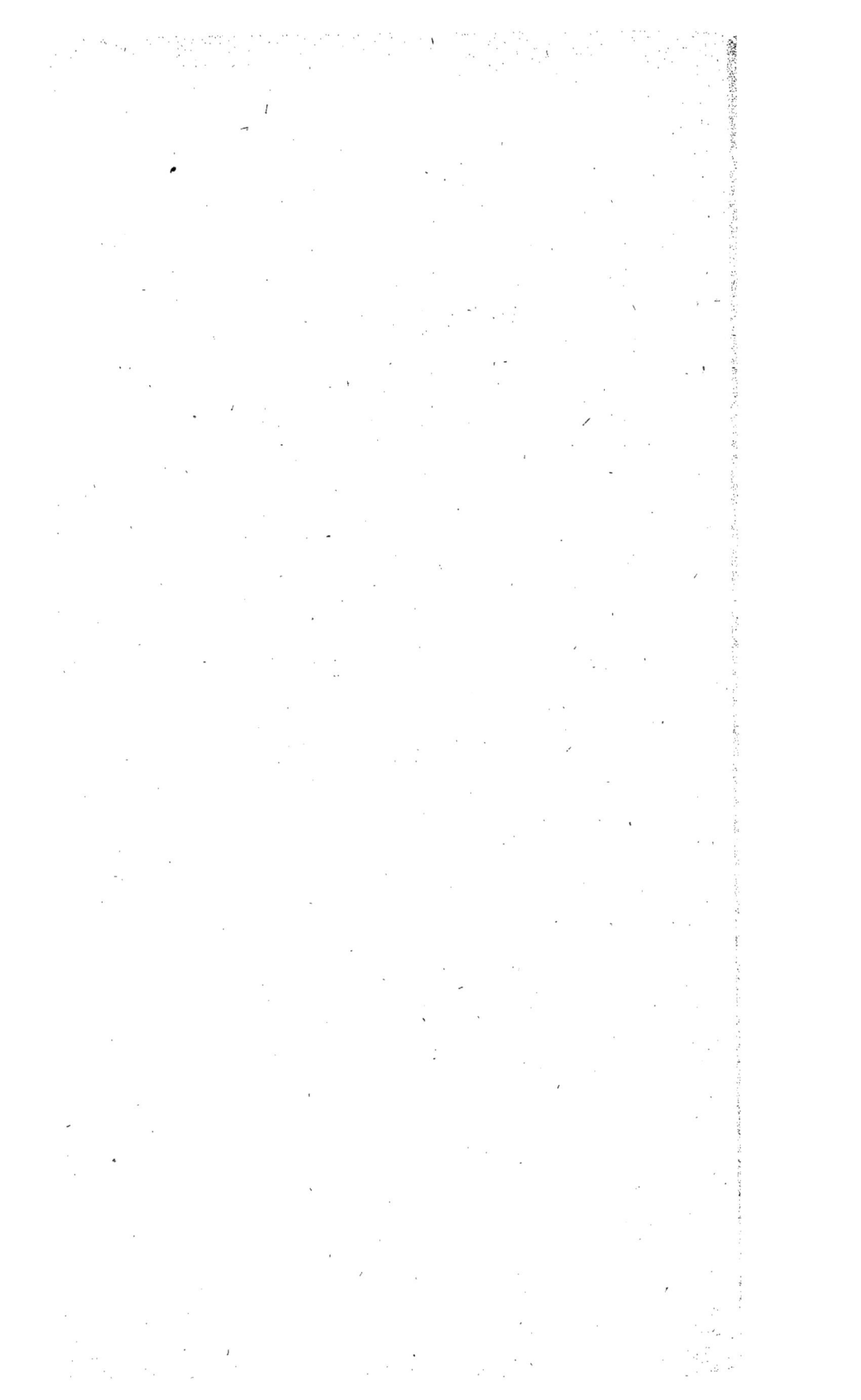

# LE CHEVALIER TOGGENBOURG

## BALLADE

« Chevalier, vous n'aurez que l'amour d'une sœur ;
En exiger un autre affligerait mon cœur.
Je vous vois arriver et partir sans pâleur,
Et les pleurs que vos yeux sont tout prêts de répandre,
Ces pleurs silencieux, je ne puis les comprendre. »

Sans tressaillir et sans pousser même un hélas,
Il écoute la vierge et, l'ayant en ses bras
Pressée avec ardeur, il s'éloigne à grand pas.
Ses vassaux rassemblés, tous vont en Palestine,
Le glaive dans la main, la croix sur la poitrine.

Là de nombreux exploits sont faits par ces héros ;
Parmi les ennemis flottent leurs fiers drapeaux
Toujours victorieux dans plus de cent assauts ;

Leurs noms sont la terreur de la gent sarrazine ;
Mais lui ne peut guérir du chagrin qui le mine.


Ce mal, il l'a porté pendant un an entier ;
Cependant, son courage à bout, le Chevalier
Quitte les durs combats et les bruits de l'acier,
Aux rives de Joppé descend, trouve un navire
Et le prend pour aller où son doux cœur respire.


Pèlerin, il accourt aux portes du castel ;
Il y frappe, mais, là, du coup le plus cruel
Son cœur est foudroyé par cet avis mortel :
« Chevalier, bien en vain vous cherchez votre amie ;
Elle est, depuis hier, au Roi du ciel unie. »


A ces mots il s'enfuit du toit de ses aïeux,
Jette ses armes et, de gloire insoucieux,
A son coursier fidèle adresse ses adieux.
Puis du haut Toggenbourg il descend la colline
Avec un vêtement de crin sur la poitrine.


Alors il se bâtit une hutte tout près
De l'endroit où parmi maints tilleuls drus et frais
On voyait du couvent blanchir les murs épais.
Là, du matin au soir, le cœur plein d'espérance,
Il demeurait assis, solitaire, en silence,

De loin il regardait le sévère moûtier,
Non point quelques instants, mais le jour tout entier,
Et demeurait au seuil de son réduit grossier
Jusqu'à ce que sous l'arc de sa haute fenêtre
Il eût vu la recluse en voile blanc paraître.

Alors il se couchait et s'endormait heureux
Et songeant au retour du matin lumineux;
Et de la sorte, il fut pendant des jours nombreux,
Des ans même, attendant devant la maison sainte
Sans visible douleur, sans larmes et sans plainte,

Que la vierge parût et que son front charmant
Comme celui d'un ange au haut du firmament
Sur le vallon fleuri se penchât doucement :
C'est ainsi qu'un matin il fut trouvé sans vie,
Des yeux cherchant encor la fenêtre chérie.

Imité de SCHILLER.

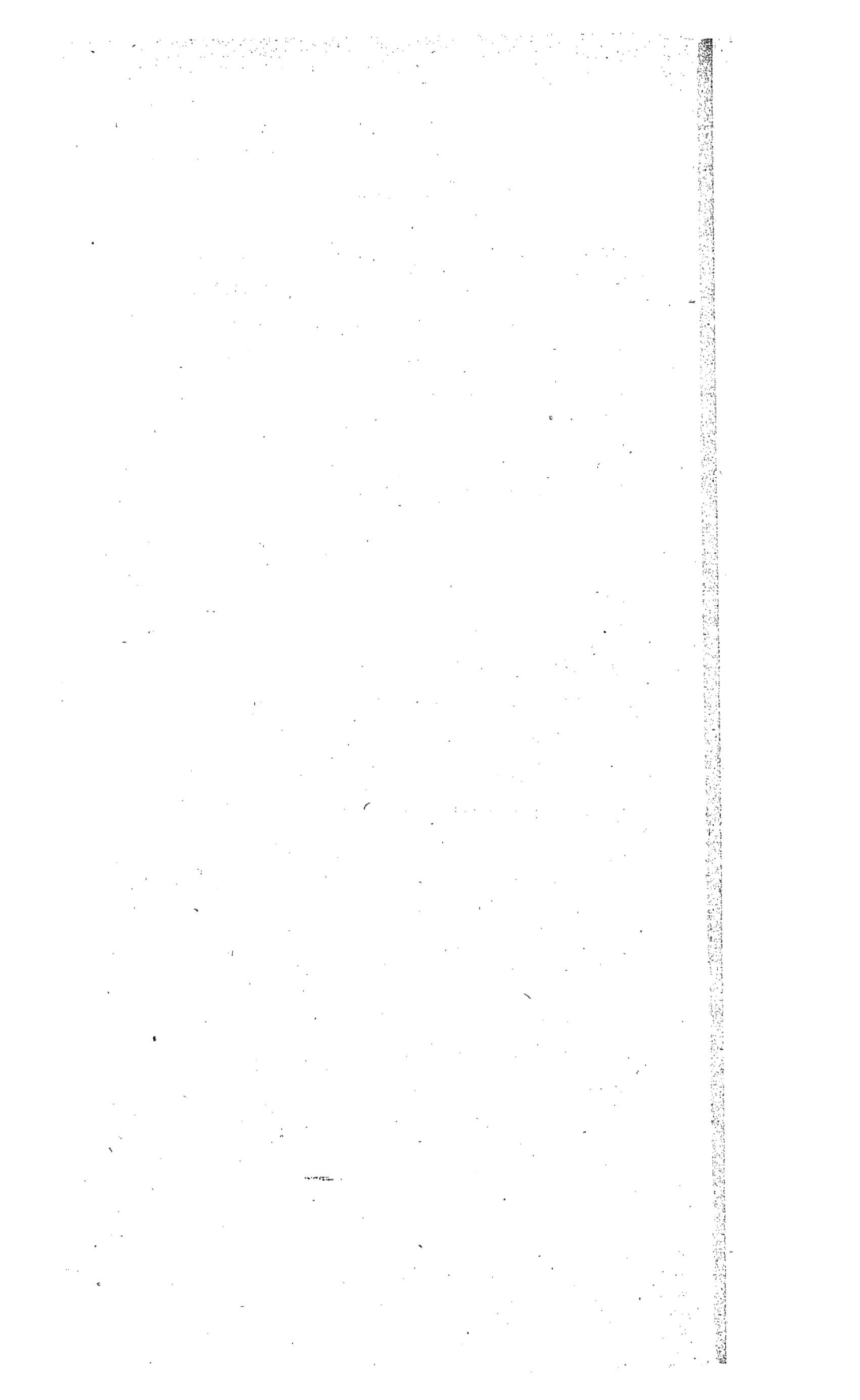

# NUIT D'ÉTÉ

C'était l'instant heureux où tout sommeille :
Je traversais la tranquille forêt
Où bien souvent je fais un long arrêt,
Refuge aimé de la douleur qui veille,
Asile sûr à mon chagrin muet.

Aux coups légers des brises, le feuillage
Allait flottant au-dessus de mon front
Et la ramée en son jeu vagabond
Me paraissait parler un doux langage,
Rêve de calme et de repos profond.

Des rayons d'or tout tissés de lumière,
En frissonnant, de la voûte des cieux
Tombaient, tombaient à flots harmonieux,
Comme des mots envoyés à la terre
Pour consoler les cœurs trop anxieux.

Le papillon aux ailes panachées
Errait encor sur les buissons dormeurs ;
Perdu d'amour et grisé de senteurs,
Il épuisait bien des larmes cachées
Au fond doré du calice des fleurs.

Autour de moi, nul signe, nulle trace
De l'être humain, absence dans ce lieu
De toute voix et de tout bruit d'essieu ;
Et sur la sombre et verdoyante masse
Superbement planait l'esprit de Dieu.

Alors en moi revint la souvenance
Des jours heureux passés à ton côté...
Et, sans un cri, mon cœur tendre exalté
Te salua dans le vaste silence
De cette claire et tiède nuit d'été !

Betty PAOLI,
Pseudonyme d'Élisabeth Glück.

D'après M. MARCHANT.

# LA TEMPÊTE

Le gouvernail se rompt, les voiles par lambeau
S'envolent et l'effroi saisit tout l'équipage :
Plus d'espoir! le dernier, dans les flots pleins de rage,
Sombre avec le soleil y noyant son flambeau.

Les vents sont triomphants — sur les montagnes d'eau
Qui du fond de la mer s'élèvent par étage,
Ainsi qu'un fort soldat qui s'élance au carnage
Le spectre de la mort marche droit au vaisseau.

L'un gît sur le tillac, muet comme en la tombe;
L'autre aux bras d'un ami sanglotte, pleure et tombe;
Celui-là veut mourir en invoquant les cieux.

Un voyageur se tient à l'écart sans mot dire;
Il rêve..... heureux celui qu'abrutit le délire,
Qui sait prier, ou trouve un cœur pour ses adieux!

Imité d'Adam Mickiewicz.

# LE CHANT DE KORNELY

(Y DYMEM POZAROW)

Avec le sang, le feu des incendies,
Vers toi, Seigneur, montent nos cris fiévreux;
Clameur terrible et justes frénésies
Devant des faits à blanchir les cheveux!
Nous n'avons plus de chants sans plainte amère;
   Nous vivons la lance dans le sein;
Vers toi, Seigneur, monument de colère,
   En priant se dresse notre main.

Ah! que de fois ta verge meurtrière
Nous a frappés! Mais saignant de tes coups
Nous répétons : C'est Dieu, c'est notre père,
Et de son front tombera le courroux.
Et de nouveau nous reprenons courage,
   Mais Satan nous brise par ton vœu;
Il rit de nous, il nous jette l'outrage;
   Nous disant : Où donc est votre Dieu?

Et vers le ciel nous nous tournons, en peine,
Pour voir si Dieu ne tonne point là-haut ;
Silence ; au sein de la céleste plaine
Comme toujours passe libre l'oiseau.
Alors en proie aux plus horribles doutes,
   Avant d'être à la Foi resoumis,
Nous blasphémons ; Père qui nous écoutes,
   Juge-nous par le cœur, non les cris !

Seigneur, Seigneur ! Scandale de la terre,
Le temps vomit des actes inhumains ;
Pères et fils se font cruelle guerre ;
Nous ne vivons qu'entourés de Caïns.
Les malheureux ! sont-ils vraiment coupables ?
   Bien qu'ils aient reculé l'avenir,
D'autres ont fait leurs crimes exécrables :
   C'est la main seule qu'il faut punir.

Vois, dans nos maux nous demeurons les mêmes ;
Par la prière, en ton azur béni,
Nous remontons à des calmes suprêmes,
Comme l'oiseau lassé qui rentre au nid.
Que sur nos cœurs ta grâce se déploie ;
   Remplis-les de saintes visions ;
Fleurs du martyre, embaumez notre voie,
   Épanchez vos roses sur nos fronts !

Alors avec le grand Archange en tête

Nous irons, *tous,* combattre l'oppresseur

Et sur son corps renversé, jour de fête,

Nous planterons notre drapeau vainqueur.

Frère égaré, nous t'ouvrirons notre âme!

   Tes erreurs Liberté lavera

Et nous dirons à Satan, à l'infâme :

   Toujours Dieu fut, il est et sera.

> Imité du poète C. AYUJESKI, tué dans
> l'insurrection polonaise de 1863 et écrit
> pour M. Ladislas MICKIEWICZ.

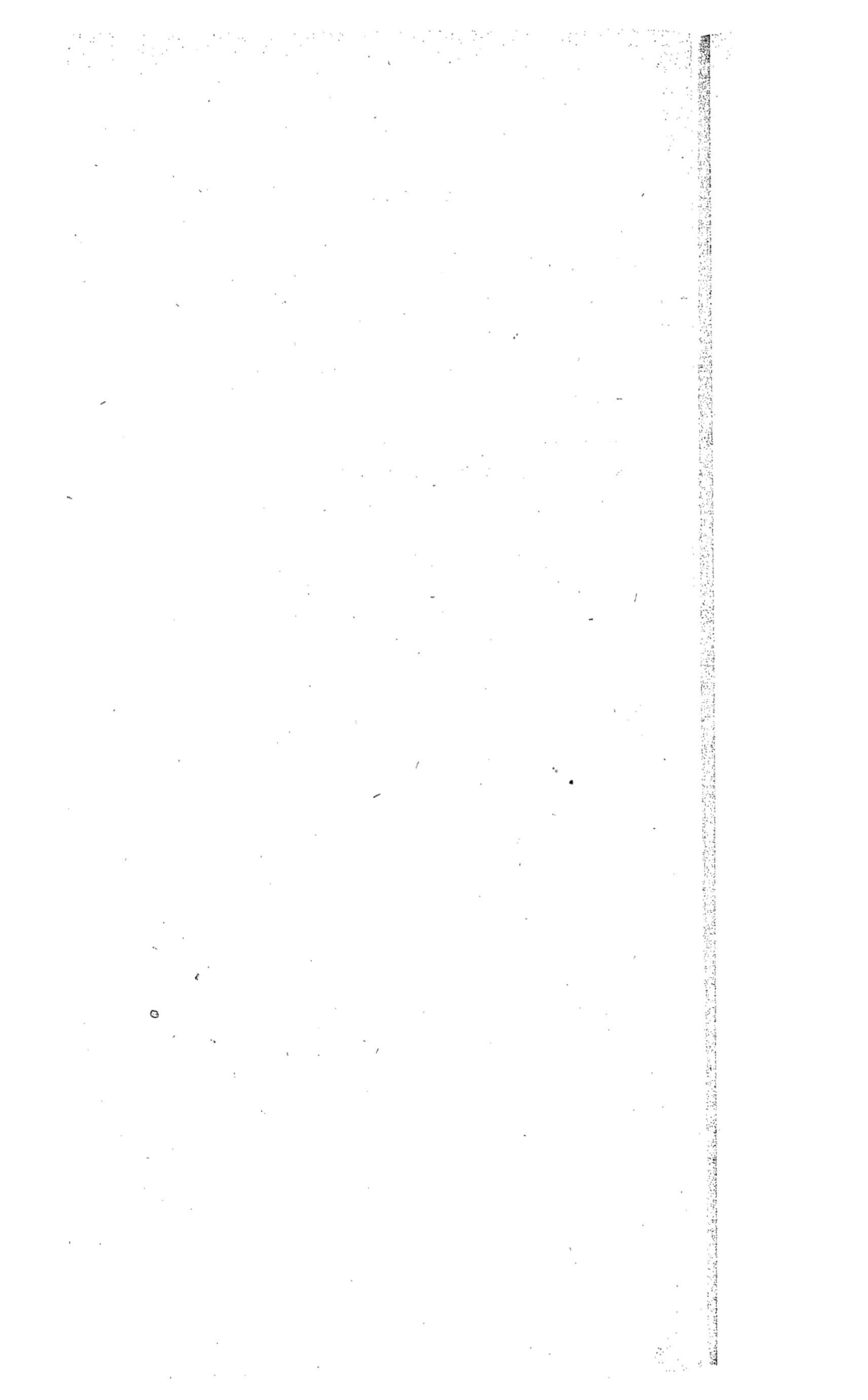

# TABLEAU DE LA VIE

Le monde est un théâtre immense et les mortels,
Hommes, femmes en sont les acteurs naturels.
Chacun a son entrée et chacun sa sortie
Et chacun, dans le cours bref ou long de la vie,
Sous plus d'un masque joue un rôle différent;
En sept actes la pièce. Au premier, c'est l'enfant
Qui vagit et qui bave au sein de sa nourrice.
Ensuite l'écolier apparaît dans la lice;
Les yeux toujours en pleurs et frais comme un matin
De printemps, il se traîne, un petit sac en main,
Tel que le limaçon à la démarche molle
Lentement, tristement jusqu'au seuil de l'école.
Après lui, vous voyez le jeune homme amoureux.
Chaud comme une fournaise, il étale ses feux

Et chante nuit et jour une chanson dolente
Faite sur le sourcil de sa superbe amante.
Bientôt, fougueux soldat et facile au juron,
Barbe de léopard hérissée au menton,
Jaloux du point d'honneur, il est vif, inflammable ;
Très prompt à dégaîner et batailleur en diable,
Il cherche la fumée et le bruit du renom
Jusque dans le goulot foudroyant d'un canon.
Puis vient, à pas comptés, l'homme de la justice,
Gros ventre digérant avec calme et délice
Un gras chapon : son œil sévère est méfiant ;
La coupe de sa barbe est d'un style imposant ;
Il abonde en vieux mots de sentence vulgaire ;
Et c'est ainsi qu'il fait son rôle sur la terre.
Le sixième âge montre, avec un front plus gris,
Un maigre corps flottant en de trop grands habits ;
Il a bourse au côté, sur le nez des lunettes,
Et ne laisse tomber que des notes fluettes,
Un aigre sifflement, un fausset enfantin
D'un gosier qui jadis tonnait comme l'airain.
Enfin, l'acte dernier, terme de l'existence,
Est un état d'oubli profond, seconde enfance,
Où l'homme ayant fini son jeu, tant mal que bien,
Est sans jambes, sans dents, sans goût, sans yeux, sans rien.

Traduit de SHAKESPEARE (comme il vous plaira).

# SONNET DE SHAKESPEARE

Dans la forme de Spenser.

A MON COLLABORATEUR ET AMI L. DE WAILLY

Las de ce que je vois, je crie après la mort,
Car je vois la candeur en proie au vil parjure,
Le mérite en haillons, déshérité du sort,
Et l'incapacité couverte de dorure;

Et la vierge pudeur aux bras de la luxure,
Au siège de l'honneur l'intrigue allant s'asseoir,
L'esprit fort appelant sottise la droiture,
L'art divin bâillonné par la main du pouvoir;

L'ignorance, en docteur, contrôlant le savoir,
Sous le fourbe boiteux, le fort manquant d'haleine,
Le vice ricaneur flétrissant le devoir,
Le *Bien* humble soldat et le *Mal* capitaine;

Oui, las de tout cela, je finirais mes jours,
N'était que de mourir c'est quitter mes amours!

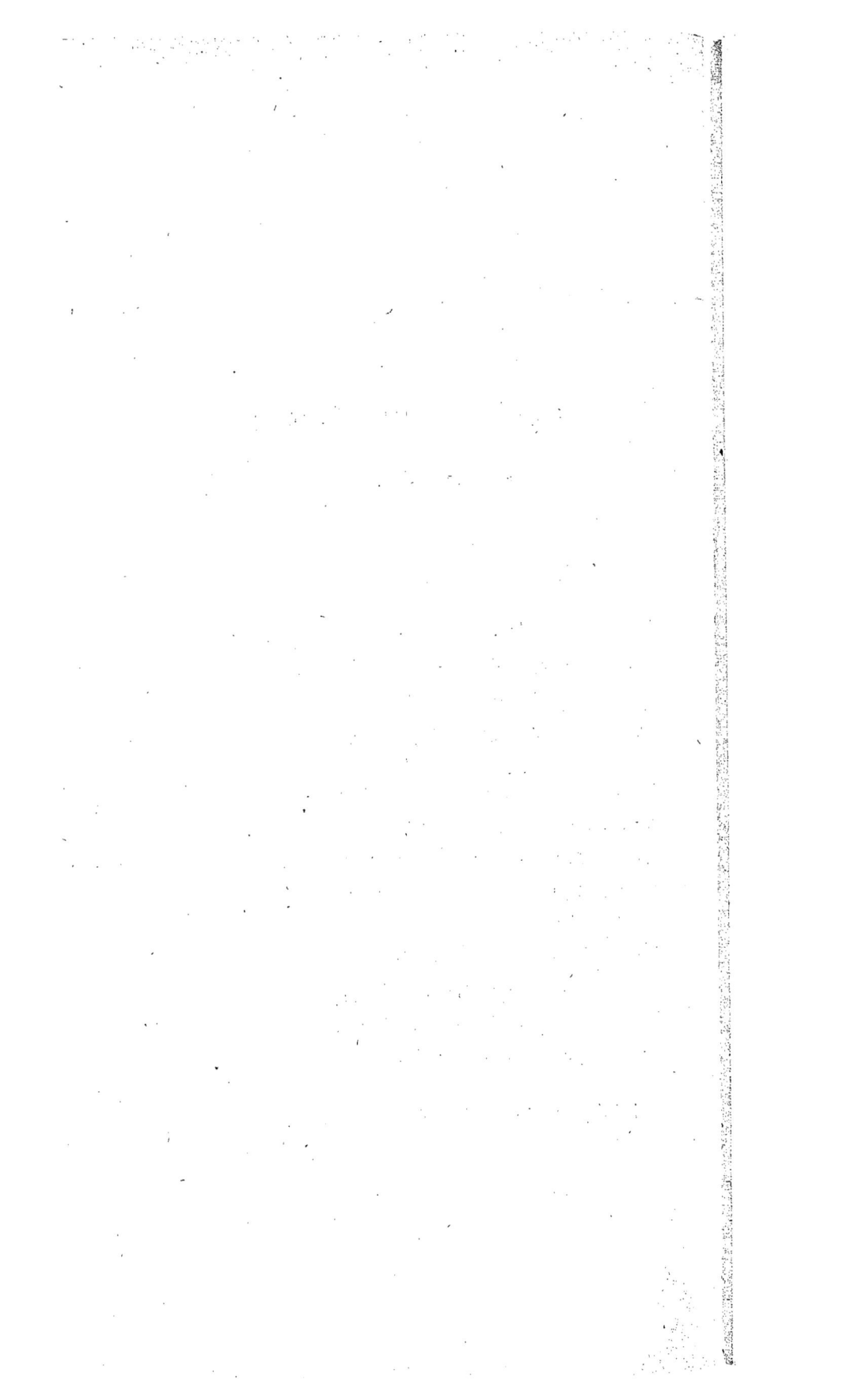

# INVOCATION AU SOMMEIL

Sommeil, Dieu nourricier de la nature entière,
Te fais-je assez horreur pour que sur ma paupière
Ta main ne verse plus de pavots bienfaisants
Et dans l'oubli des maux ne plonge plus mes sens?
Quel charme, Dieu cruel, sous le chaume t'entraîne?
Pourquoi sur les grabats d'une chambre malsaine
T'étendre au large bruit de ronflements grossiers
Plutôt que de venir dans les palais princiers
Sous de hauts lambris d'or, sur des couches moelleuses,
T'assoupir aux accents de voix mélodieuses?
Dis, stupide Sommeil, pourquoi te laisser choir
Auprès d'un malheureux, en son lit dur et noir,
Et te tenir si loin de la couche royale,
Comme d'un corps de garde à l'heure matinale?

O toi qui sur le dos de la vague en fureur
Et tout au bout d'un mât effrayant de hauteur
Clos l'œil du matelot qu'on a mis en vedette,
Toi qui l'endors au bruit des vents de la tempête
Lorsque, livrant aux mers de terribles assauts,
Ces monarques du ciel creusent les grandes eaux
Et, soulevant en monts les lames onduleuses,
Font planer dans les airs leurs crêtes monstrueuses
Retombant sur les nefs avec un tel fracas
Que la torpeur des morts n'y résisterait pas,
Dieu puissant, toi qui sais, en ce moment terrible,
Rendre le pauvre mousse à ses maux insensible
Et lui faire goûter les douceurs du repos,
Peux-tu bien sur un lit, silencieux, dispos,
Avec tous les moyens d'en savourer le baume,
En priver constamment le maître d'un royaume!

Traduit de SHAKESPEARE, tragédie de *Henri IV*.

## SALUT AU PRINTEMPS

Voici que du soleil la brillante courrière,
L'étoile du matin sort dansante et légère
Du ciel oriental et mène sur ses pas
Mai fleurissant qui laisse échapper de ses bras
Le jaune bouton d'or, la pâle primevère.

Salut, Mai bienfaisant, salut, beau mois des fleurs,
Toi dont la fraîche haleine aux divines odeurs
Infuse dans les cœurs et souffle dans les âmes
Les désirs jeunes, doux, pleins d'amoureuses flammes,
Salut, Mai bienfaisant, salut, beau mois des fleurs!

Les bois et les bosquets revêtent ta parure;
Les prés se font honneur des biens que ta main pure
Leur verse, aussi d'un chant matinal nous fêtons
Ton aimable présence et, gais, nous souhaitons
Que sans troubles fâcheux parmi nous elle dure!

Traduit librement de MILTON.

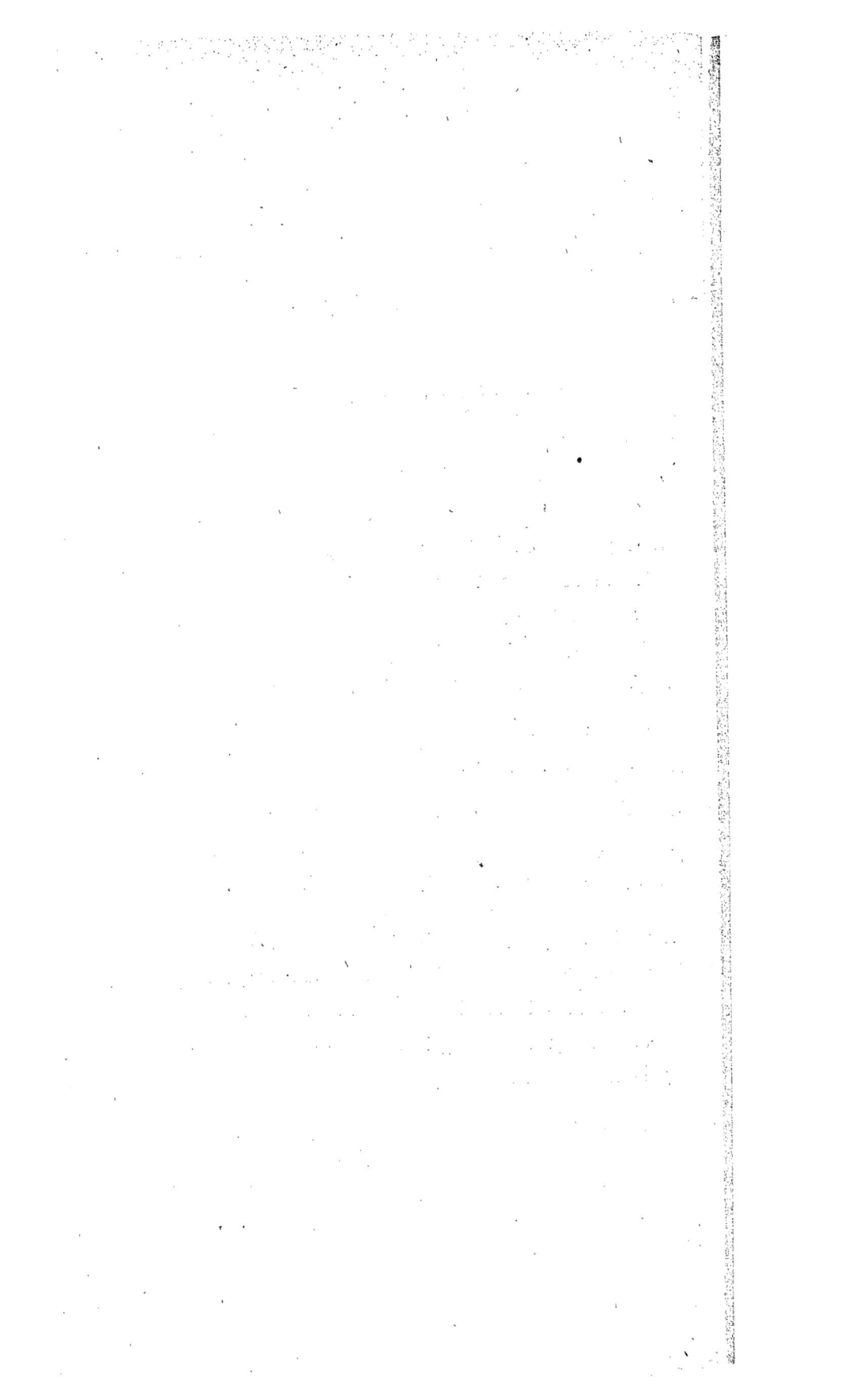

# SONNET DE MILTON

A M. JULES VUY, DE GENÈVE

O Cyriac, voilà trois ans que mes deux yeux,
Pour le regard d'autrui sans taches ni souillure
Sont privés de lumière et, globes paresseux,
Ne vont plus remplissant l'office de nature.

Depuis trois ans tout m'est voilé d'un crêpe noir,
La terre, les humains, soleil, étoiles, lune;
Pourtant loin d'accuser Dieu de mon infortune
Calme, je marche droit et ne perds point l'espoir.

D'où me vient, diras-tu, si grande patience?
Ami, je répondrai : C'est de la conscience
D'avoir au prix des yeux servi la Liberté.

Ce penser me soutient et, seul, guidant ma vie
Par le fracas du monde et dans sa comédie,
Me contente le cœur jusqu'en la cécité.

Traduit de l'anglais.

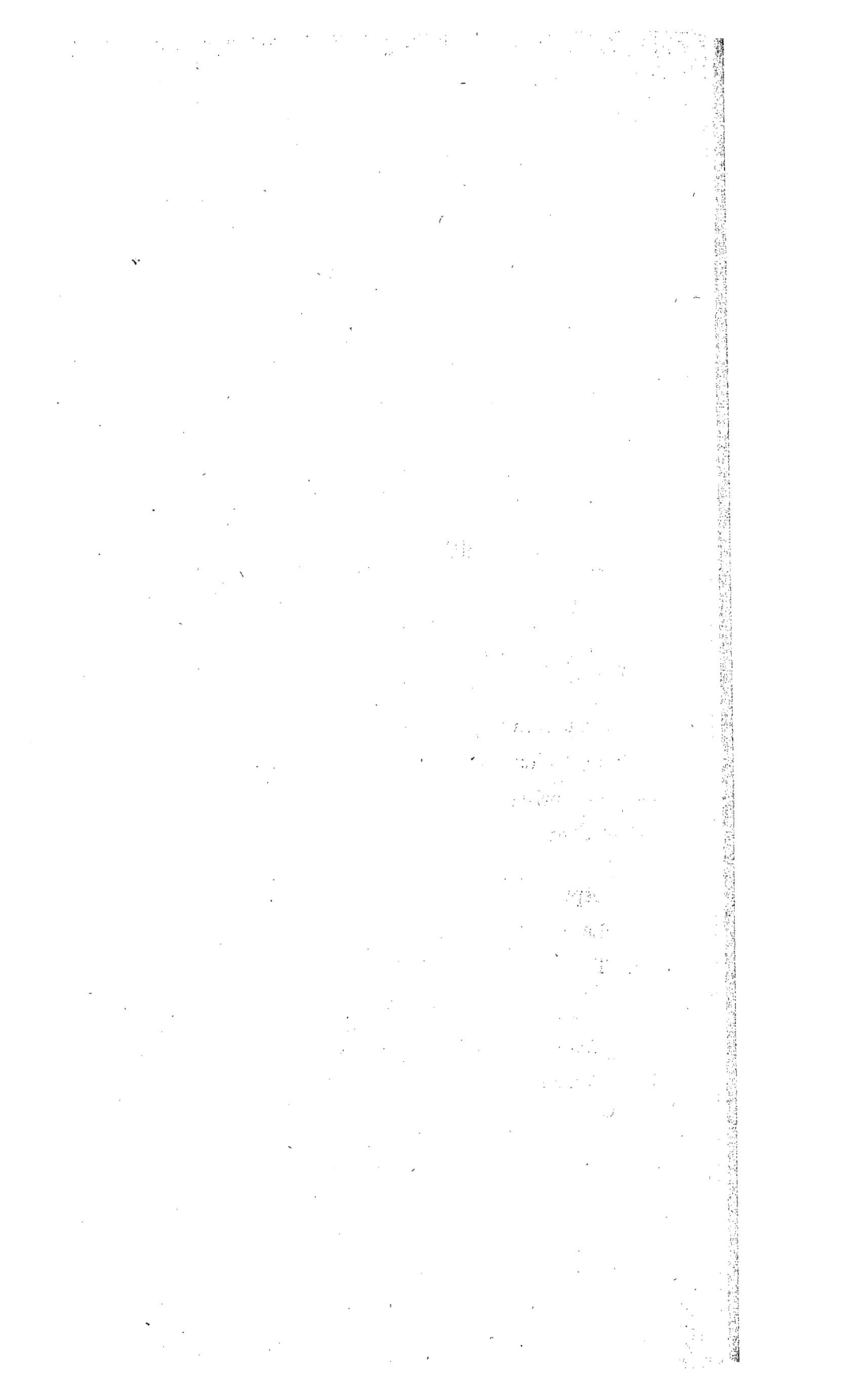

# LA ROSE MOUILLÉE

Comme Anna présentait une rose à Marie,
   Vint une averse et la fleur fut en eau ;
Et, triste, elle tenait bas sa tête jolie,
   Tant lui pesait le liquide fardeau.
Son calice était plein, ses feuilles tout humides ;
   Elle semblait pleurer maint frais bouton
Laissé bien à regret sur les tiges splendides
   De son natal et verdoyant buisson.
Vite, je la saisis et la jugeant peu faite
   Pour figurer ainsi dans un bouquet,
Je la secouai fort, trop fort, car la pauvrette
   Tomba rompue à mes pieds. Ah ! tel est,

M'écriai-je, souvent le fait impitoyable

    D'un délicat qui n'a souci ni peur

De froisser, même plus, briser un cœur aimable

    Au dur chagrin résigné. Cette fleur

Par ma main secouée avec moins de rudesse

    Eût pu briller encore un jour ou deux :

Les pleurs que l'on essuie avec un peu d'adresse

    Peuvent avoir un sourire après eux.


                    Traduit de William COWPER.

# JOHN ANDERSON

John Anderson, mon bon ami,
Lorsque nous fîmes connaissance,
Des cheveux noirs en abondance
Ornaient votre front tout uni.
Maintenant il est dégarni,
Couvert de rides et de neige,
N'importe! que Dieu le protège,
John Anderson, mon bon ami!

John Anderson, mon bon ami,
Nous avons monté la colline
Ensemble et là, grâce divine,
Plus d'un beau jour sur nous a lui.
Il faut la descendre aujourd'hui;
Et nous irons d'un pied qui tremble,
Main jointe, au bas dormir ensemble;
John Anderson, mon bon ami!

Traduit de ROBERT BURNS.

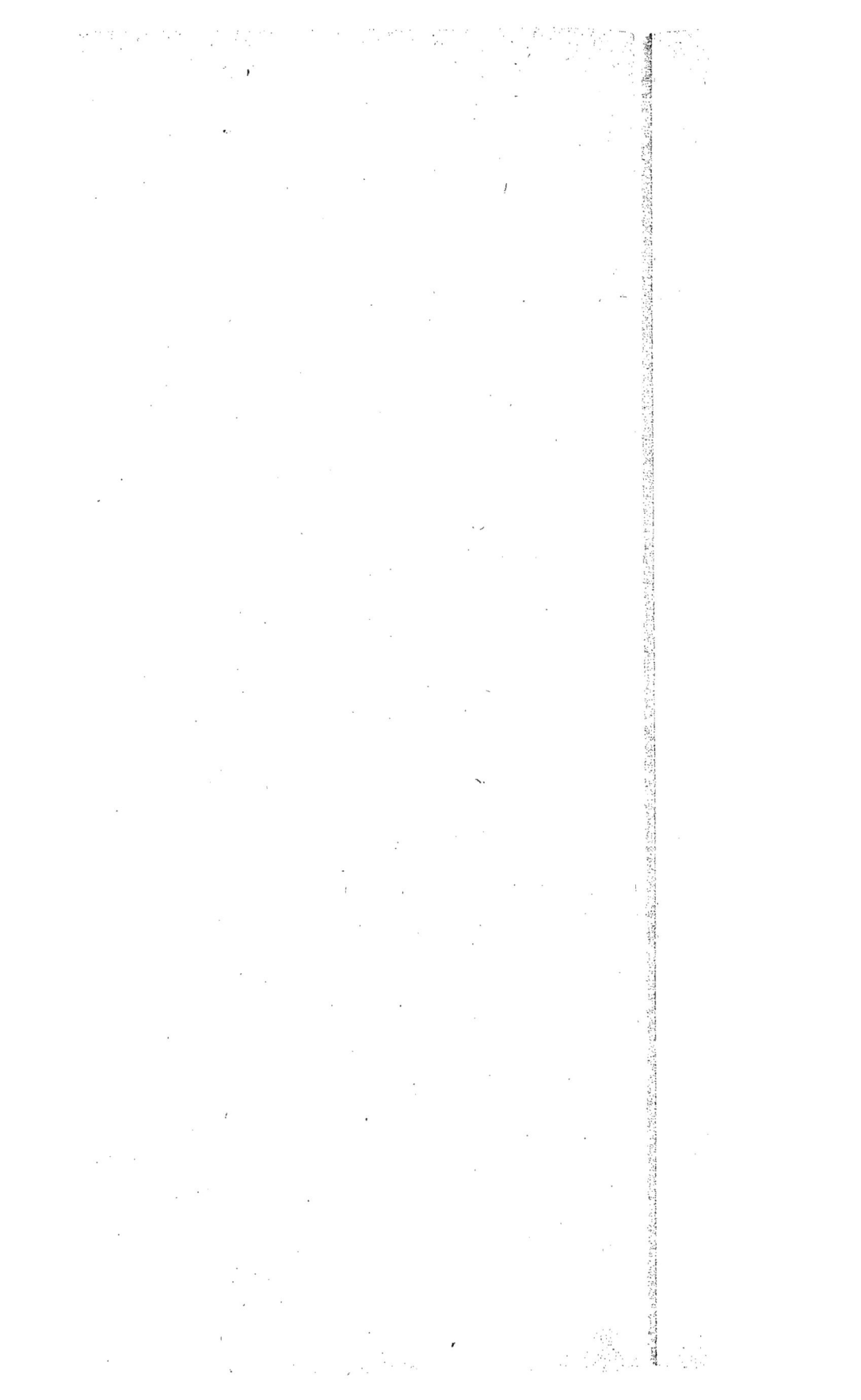

# SUR UN LIÈVRE BLESSÉ

Homme, maudite soit ton adresse sauvage !
Puisses-tu perdre l'œil qui servit ta fureur !
Que jamais la pitié d'un soupir te soulage,
Que le plaisir jamais réjouisse ton cœur !

Va vivre, vagabond des forêts et des plaines,
Le peu de vie amère encore t'animant ;
Les fourrés plus épais, les champs riches de graines,
Ne te donneront plus abri, joie, aliment.

Pauvre mutilé, cherche une sûre retraite
Non plus pour ton repos, mais pour ton lit de mort,
De hauts joncs bruissant au-dessus de ta tête,
Un sol frais pour tes reins dont le sang rouge sort.

Souvent, quand près du Nith, sinueuse rivière,
J'attendrai le soir calme ou salûrai, joyeux,
L'aube, tes doux ébats manquant à la clairière,
Je verserai des pleurs sur ton sort malheureux.

Traduit de ROBERT BURNS.

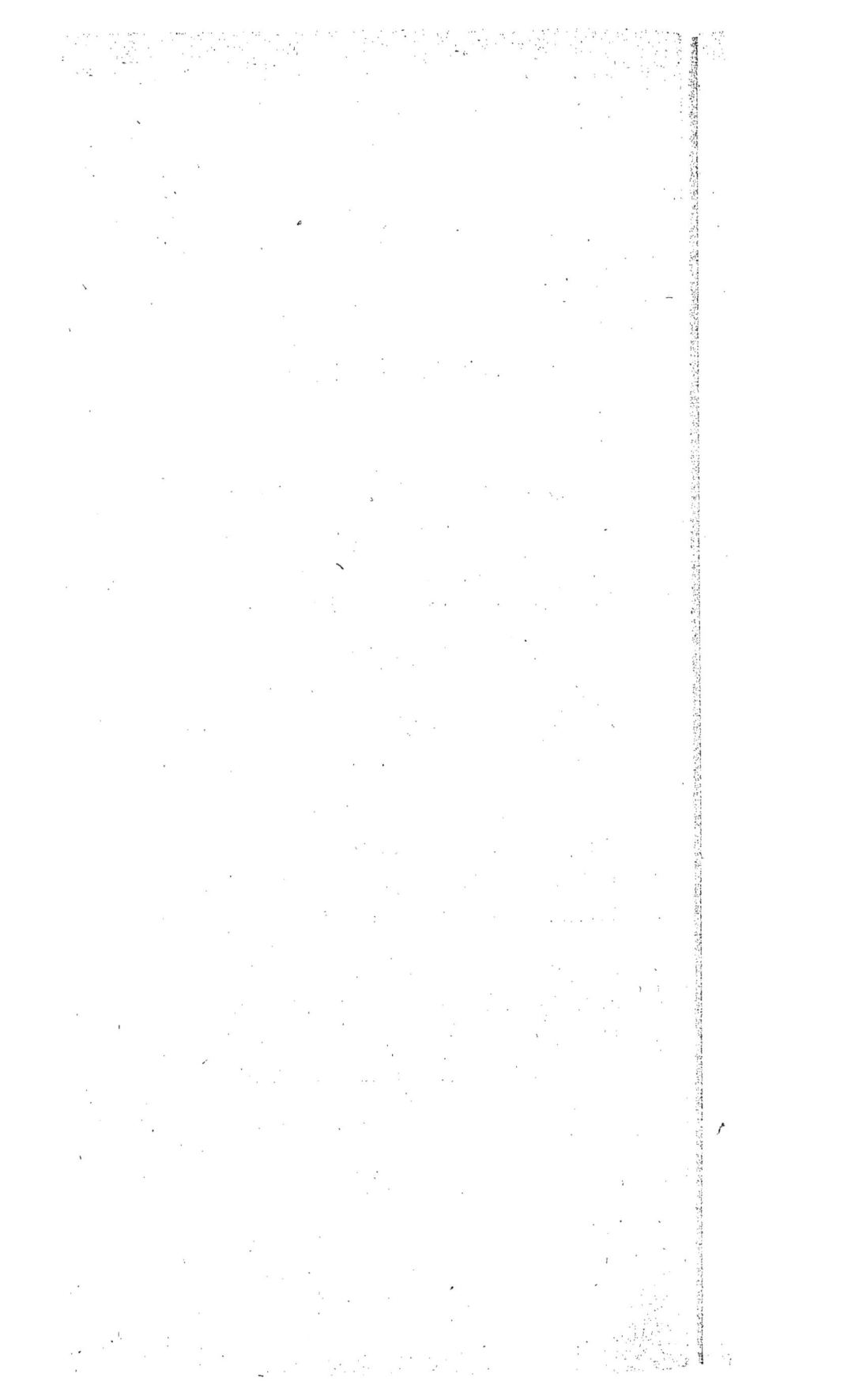

# DERNIERS VERS DE LORD BYRON

A l'occasion de mes trente-six ans.


Il est temps que mon cœur reste froid, immobile,
Puisqu'il n'anime plus de son ardeur fébrile
D'autres cœurs; cependant quoique en son tendre essor
Des belles il n'ait plus qu'un sourire stérile,
    Il faut qu'il aime... aimons encor!


Mes jours sont à leur feuille aride et jaunissante;
Fleurs et fruits de l'amour, verdure éblouissante,
Tout s'est évanoui.... le souci, ver rongeur,
Et le regret amer, chenille dévorante,
    Sont demeurés, seuls, dans mon cœur.


Le feu qui nuit et jour me brûle, me consume
Est celui d'un volcan solitaire et qui fume
Au sein d'une mer sombre en horreur au nocher;
Nul flambeau maintenant à ce feu ne s'allume;
    Ce n'est qu'un funèbre bûcher.

6

Espoirs, craintes, soupçons, ivresses, jalousies,
Amour, tous tes bonheurs, toutes tes frénésies,
Ne sont plus par mon cœur ressentis ni soufferts ;
Je ne partage plus tes transes infinies
    Et pourtant je traîne tes fers !

Mais ce n'est pas *ainsi*, ni point *ici* que l'âme
En de pareils pensers doit absorber sa flamme,
A cette heure où la Grèce orne d'un vert laurier
Le cercueil du héros, où la gloire proclame
    Les nobles exploits du guerrier.

La bannière, l'épée et le champ de bataille
Sont devant toi ! la Grèce autour de toi tressaille ;
Le mâle Spartiate au logis rapporté
Sur son grand bouclier entr'ouvert par l'entaille
    N'était pas plus en liberté !

Réveille-toi ! non pas cette femme sublime
La Grèce, elle n'est plus dans sa torpeur infime ;
Mais toi, toi mon esprit, sors d'un sommeil honteux,
Pense à tes aïeux fiers, ta souche magnanime
    Et frappe des coups dignes d'eux.

Rejette, foule aux pieds ces passions brûlantes
S'assoupissant parfois mais bientôt renaissantes

Et peu dignes des jours de ta virilité.
Que te font aujourd'hui les lèvres caressantes
    Ou les dédains de la beauté?

Pourquoi vivre, si tu regrettes ta jeunesse?
N'as-tu pas devant toi les plaines de la Grèce,
La terre de l'honneur et d'une belle fin ?
Debout ! à la bataille et dans sa rouge ivresse
    Finis ton douloureux destin !

Cherche ce qui souvent est aux champs de ce monde,
Moins cherché que trouvé, cette fosse profonde
Où du brave sans vie on enferme les os :
C'est pour toi le meilleur... vois, regarde à la ronde,
    Prends ta place et fais ton repos!

Missolonghi, 24 janvier 1824.

                    Traduit de l'anglais.

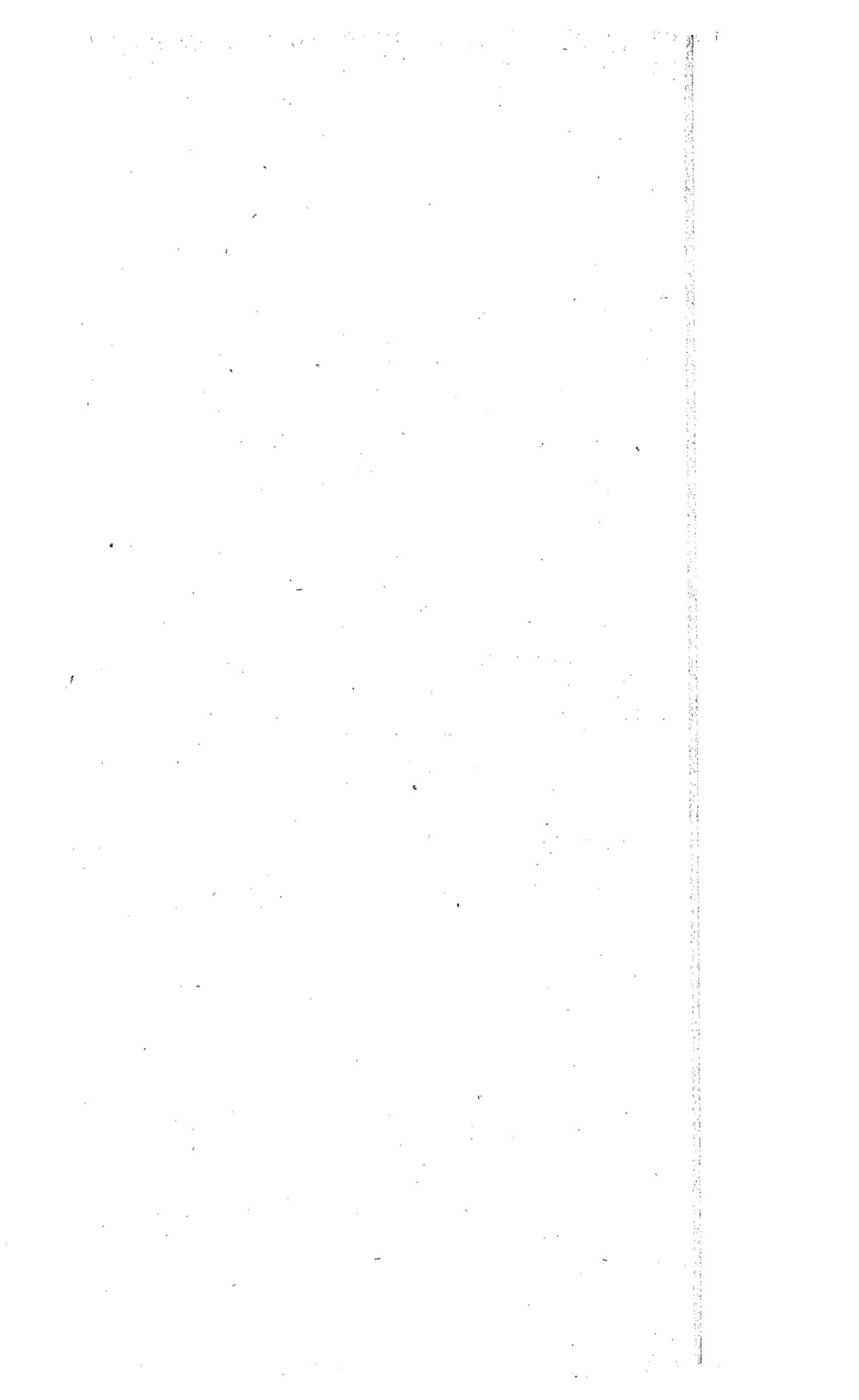

# LA LYRE ET LA FLEUR

Une lyre douce et plaintive
Jetait son chant mélodieux
Dans la raffale convulsive
D'un orage troublant les cieux.
Le vent fit résonner la lyre
Mais ne garda rien de son dire.
O poète aux lèvres de miel,
N'adresse tes chansons qu'au ciel ;
Qu'espérer d'un peuple en délire ?
Ne sois pas comme cette lyre
       Oui, cette lyre
Indifférente au cœur mortel !

Une fleur fraîche et splendide
Laissait choir feuilles et senteur
Sur le courant d'une eau rapide
Qui baignait un val enchanteur ;

Mais l'eau fuyait avec vitesse
Sans profiter de sa richesse.
O cœur aimant, ô tendre cœur,
Ne dissipe point ton ardeur
Et tourne au ciel ton âme émue;
Ne sois pas cette fleur perdue,
    La fleur perdue,
Dont nul n'aura gardé l'odeur.


Traduit de Felicia HEMANS.

# EXCELSIOR

Les ombres de la nuit tombaient vite sur terre
Au moment où passait dans un village alpin
Un jeune homme portant à travers cèdre et pin
Et neiges et glaçons une blanche bannière
Avec cette devise en brillant caractère :
       Excelsior !

Le front pâle, attristé, comme la lame nue
D'un fauchon, son regard envoyait des éclairs
Et, pareil au clairon résonnant dans les airs,
On entendait sortir de sa poitrine émue
Ce mot pris aux accents d'une langue inconnue :
       Excelsior !

Dans les intérieurs paisibles du village
Des familles il voit flamber le clair foyer
Et sur les toits heureux, spectre blanc, le glacier
Dresser sa forme abrupte et sa hauteur sauvage,
Il gémît, mais un cri ranime son courage :
       Excelsior !

Ne tente point la passe, ô voyageur, arrête !
Lui crie un bon vieillard ! l'orage sur ton front
Va fondre, le torrent qui mugit est profond
Prends garde ! mais la voix toujours plus forte et nette.
Et semblable au clairon retentit et répète :

    Excelsior !

Jeune homme, reste ici ! dit une jouvencelle,
Et repose ton front fatigué sur mon sein !
Et scintillant au bord de son œil bleu, soudain
Une larme descend de sa tendre prunelle;
Le jeune homme soupire et répond à la belle :

    · Excelsior !

Prends garde aux rameaux morts des pins quand l'ombre
Surtout crains l'avalanche au terrible pouvoir !  [gagne,
Tel fut du paysan inquiet le bonsoir
A l'ardent voyageur poursuivant sa campagne
Et ce mot retentit au loin sur la montagne :

    Excelsior !

Au point du jour, alors qu'en leur grave prière
Des fils du *saint Bernard* les cœurs religieux,
Élevaient leur hommage au souverain des cieux,
A travers l'Alpe morne et sa froide atmosphère,
On entendit encor la clameur singulière :

    Excelsior !

Sous la neige à demi-caché comme en un lange
Par les chiens du couvent un homme est rencontré.
Quoique glacé, son poing tient fermement serré,
Comme le fier vaincu d'une noble phalange,
Le bois de la bannière à la devise étrange :
        Excelsior !

Il est là, dans l'air gris et froid, tout immobile,
Mais le front rayonnant d'une auguste beauté,
Et du fond de l'éther, avec sérénité,
Sur le faîte neigeux du vaste mont tranquille
Une voix tombe ainsi qu'une étoile qui file :
        Excelsior !

                  Traduit de Henri W. LONGFELLOW.

# LE RÊVE DU PÊCHEUR

Je veux me bâtir sur la mer,
Sur la mer bleue et sans écume
Une maison en très bon air.
La toiture en sera de plume,
De ces plumes à l'œil brillant
Dont les paons forment leur costume.
Les murs seront de diamant,
Les escaliers d'or et d'argent,
Et lorsqu'au bord de sa fenêtre
Ma charmante et blonde Nenna
Chaque matin ira se mettre,
Du rivage qui la verra
Avec joie aussitôt dira :
Tiens! le soleil vient de paraître!

Imité d'une chanson napolitaine.

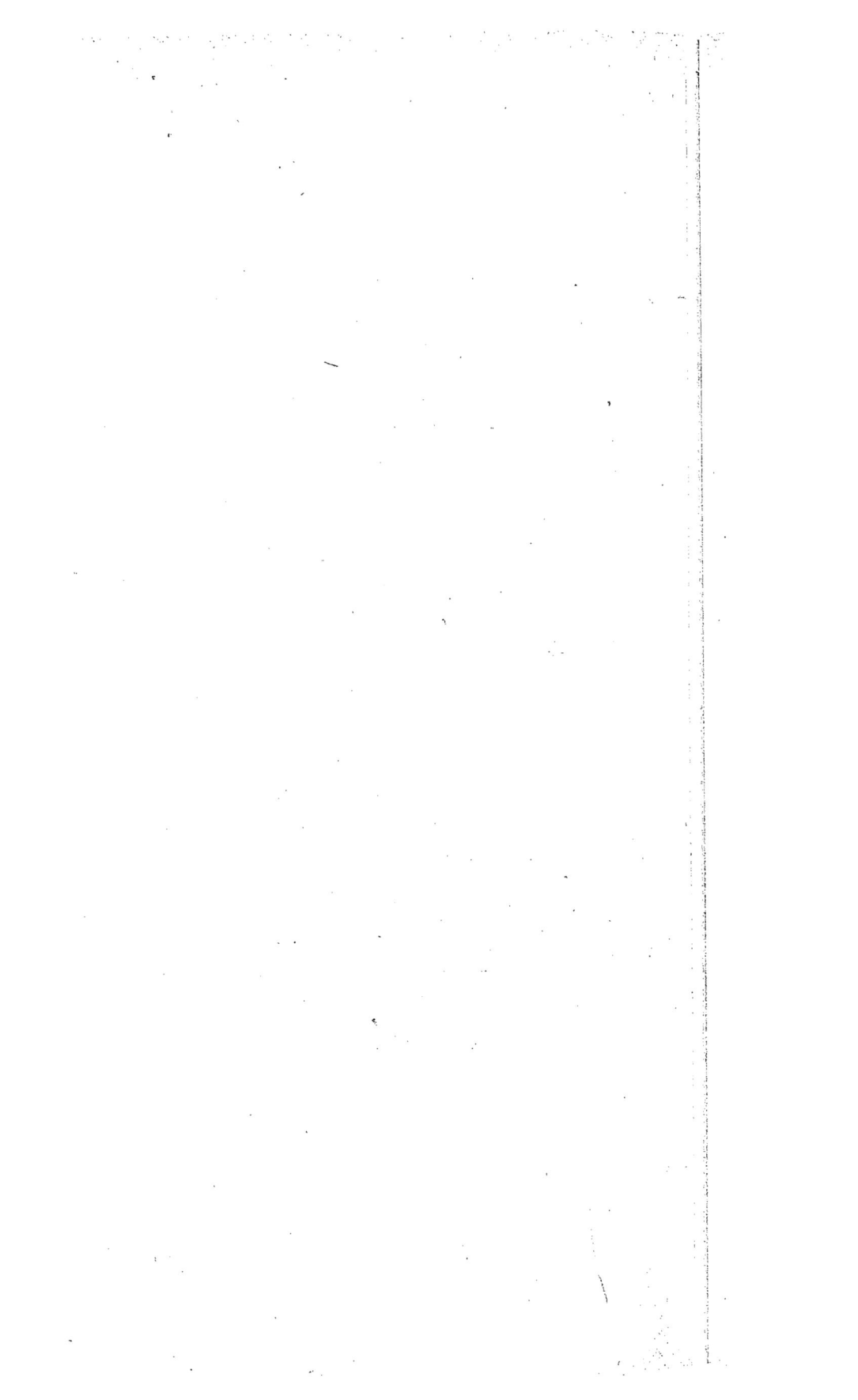

# LES CUEILLEUSES DE FLEURS

IDYLLE DU XIVᵉ SIÈCLE

### LE POÈTE

Un jour passant rêveur au travers d'un bocage
Je vis sur le gazon à l'ombre du feuillage
Des fillettes, enfants aux pudiques couleurs,
Folâtrer et courir après les belles fleurs.
Et toutes s'animaient à ce doux exercice
Et disaient : cueillons-les, avec un vrai délice.

### LES JEUNES FILLES

En voilà ! — Que tiens-tu ? — Moi je tiens du muguet. —
Bon, va de ce côté, dans le fond du bosquet
La violette embaume et fleurissent les roses. —
Des roses, cueillons-en ! — Oh ! les fraîches écloses,
Les belles ! aïe ! un dard au pouce m'est entré ;
Qu'elles piquent ! mais bah ! bien d'autres j'en aurai :

Ah! qu'est-ce que je vois qui dans l'herbe sautelle?
Accourez, accourez, c'est une sauterelle;
Et puis une raiponce. — Eh non, ce n'en est pas! —
— Si vraiment, cueille-là! mais viens plus loin; là-bas,
Poussent des champignons avec du thym. — Ma chère,
Nous restons trop ici; le ciel gronde, il éclaire,
Le temps se gâte, allons, vêpres ont dû sonner. —
O peureuse qui veut si vite m'emmener!
Il n'est point l'heure encore, entends-tu sous l'ombrage
Chanter le rossignol? écoutons son ramage. —
— Dieu! je sens sous ma main quelque chose de froid!
Je ne sais ce que c'est — Où donc? — En cet endroit.

LE POÈTE

Et toutes au buisson où l'une d'elles fouille
D'accourir, on regarde, on tâte, on s'agenouille,
Et tandis que le bruit grossit de plus en plus
Un serpent long et vert sort des rameaux touffus.
— Un serpent, un serpent! à l'aide, ô malheureuses! —
Et vite bien au loin s'échappent les peureuses
Et voilà que le ciel sur-le-champ fond en eau
Et d'une grande pluie inonde le troupeau.
L'une va poussant l'autre effarée et plaintive;
Celle-ci glisse et puis celle-là tombe, arrive
Une troisième, hélas! qui pose les genoux
Et les mains et les pieds sur celle de dessous.

L'une est de bas en haut pleine de fange impure,
L'autre porte à ses reins plus d'une meurtrissure.
Adieu les fins bouquets, leur parfum, leur couleur!
La divine moisson a perdu sa valeur;
Elle jonche le sol; la déroute est complète;
A regarder derrière aucune ne s'arrête,
Et la plus heureuse est celle qui court le mieux.....


Et moi qui restais là, poète curieux,
A suivre du regard la troupe vagabonde,
Sans m'en apercevoir, j'étais trempé par l'onde.


Traduit de Franco SACCHETTI.

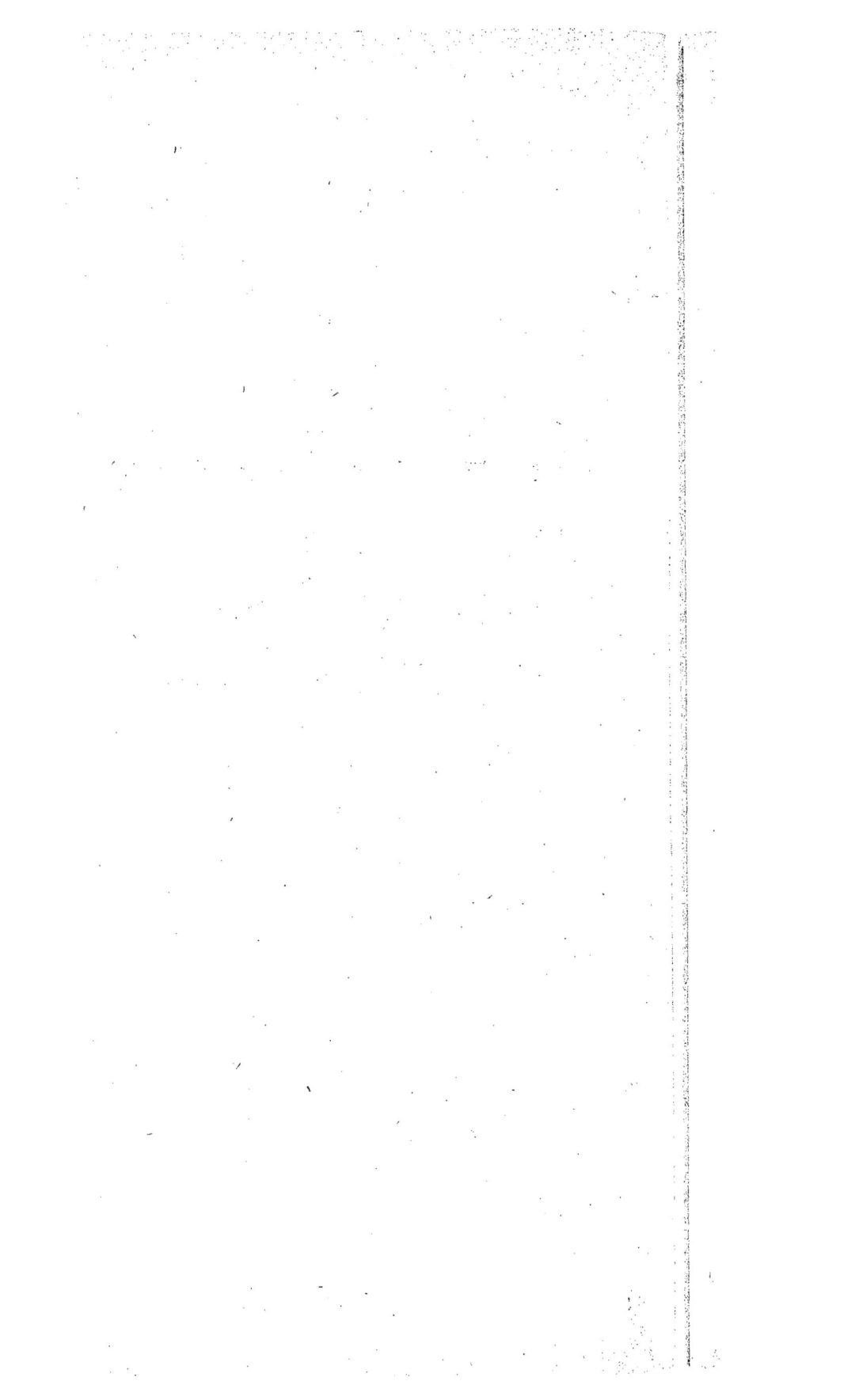

# L'HISTOIRE DES AMANTS DE RIMINI

. . . . . . . . . . . . . . . . . . . . .

Comme deux blancs ramiers que le désir entraîne
D'un coup d'aile assuré volent à leur doux nid,
De même, hors du groupe où Didon, triste reine,

Souffrait, ces deux damnés que la tendresse unit
Arrivèrent à nous au travers de l'air sombre,
Répondant à l'appel que notre voix leur fit.

« Être compâtissant, me dit la plus jeune ombre,
Toi qui viens visiter dans cet air malfaisant,
Opaque et tout peuplé d'infortunés sans nombre,

Un couple qui teignit la terre de son sang ;
Si nous étions aimés du Souverain du monde
Nous lui demanderions ton repos incessant !

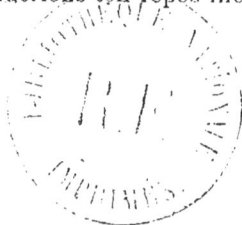

7

Comme en pitié tu tiens notre peine profonde,
Tout ce qu'il te plaira de dire et d'écouter
Nous l'oirrons et dirons et puisque nous seconde

L'air moins vif, nous allons nos malheurs te conter.
— Le sol où Dieu m'ouvrit les yeux à la lumière
Est sur le golfe où, prompt à s'y précipiter,

En la mer le Pô tombe avec mainte rivière ;
Amour qui met en feu si vite un noble cœur
Attacha ce doux être à la forme trop chère

D'un corps que me ravit soudain le fer vengeur,
Coup qui toujours me perce..... Amour qui ne dispense
Nul être aimé d'aimer m'éprit tant du bonheur

Dont celui-ci comblait ma sensible existence
Que, comme tu le vois, il m'enlace à jamais :
Amour nous conduisit à la même souffrance,

La même mort..... L'auteur du premier des forfaits,
Caïn attend au fond de son trou d'épouvante
Celui par qui nos corps vivants furent défaits. »

Des ombres telle fut la parole dolente.
Dès que j'eus entendu ces cris de cœur blessé,
Je laissai sur mon sein aller toute pendante

Ma tête, et si longtemps je tins mon front baissé
Que le maître me dit : « A quoi songe ton âme? »
Je répondis : « Hélas! au plaisir insensé;

Car, combien de désirs et de pensers de flamme
Ont mené ces esprits à ce sort douloureux! »
Et puis me retournant vers l'ombre de la femme

J'ajoutai : « Francesca, ton destin malheureux
Me rend triste à pleurer..... cependant veuille dire
Comment vous devint clair l'amour encor douteux? »

Elle aussitôt du ton d'une âme qui soupire
Répartit : « Il n'est pas de plus grande douleur
Que de se rappeler dans ses jours de martyre

Le temps qui fut heureux; il le sait ton docteur.
Puisque tu veux savoir l'origine première
De notre amour, je vais le conter non sans pleur.....

Tous les deux nous lisions un jour pour nous distraire
Comment fut Lancelot pris de mal amoureux :
Seuls, sans soupçon, le livre avait notre âme entière.

Alors plus d'une fois se mouillèrent nos yeux;
Plus d'une fois aussi rougit notre figure;
Mais de nos cœurs un trait fut seul victorieux.

Quand nous vînmes au point de la tendre lecture
Où l'amant imprima sur le souris charmant
De l'amante un baiser, celui que Dieu torture,

Mais que rien ne saurait me ravir maintenant,
Tout tremblant, se pencha sur ma bouche..... l'ouvrage
Fut notre Galéhaut en ce fatal instant,

Et nous ne lûmes pas ce jour-là davantage. »

Traduit de *l'Enfer* du DANTE.

# UN SONNET DE MICHEL-ANGE

Descendu de ce monde au séjour ténébreux,
Dante vit de l'Enfer les royaumes rebelles
Et, vivant, jusqu'aux cieux montant avec les ailes
De l'âme, il nous en fit le récit merveilleux.

Astre aux puissants rayons, il découvrit aux yeux
Des mortels aveuglés les choses éternelles
Et reçut pour le don de tant de clartés belles
Le prix que trop souvent l'on donne aux plus fameux.

Sa grande œuvre fut mal accueillie et comprise
Ainsi que l'amitié vive qu'il avait mise
En un peuple du juste ennèmi résolu.

Ah! que ne suis-je né pour un destin semblable!
J'eusse au sort le plus doux et le plus enviable
Préféré son exil amer et sa vertu.

Traduit de l'italien.

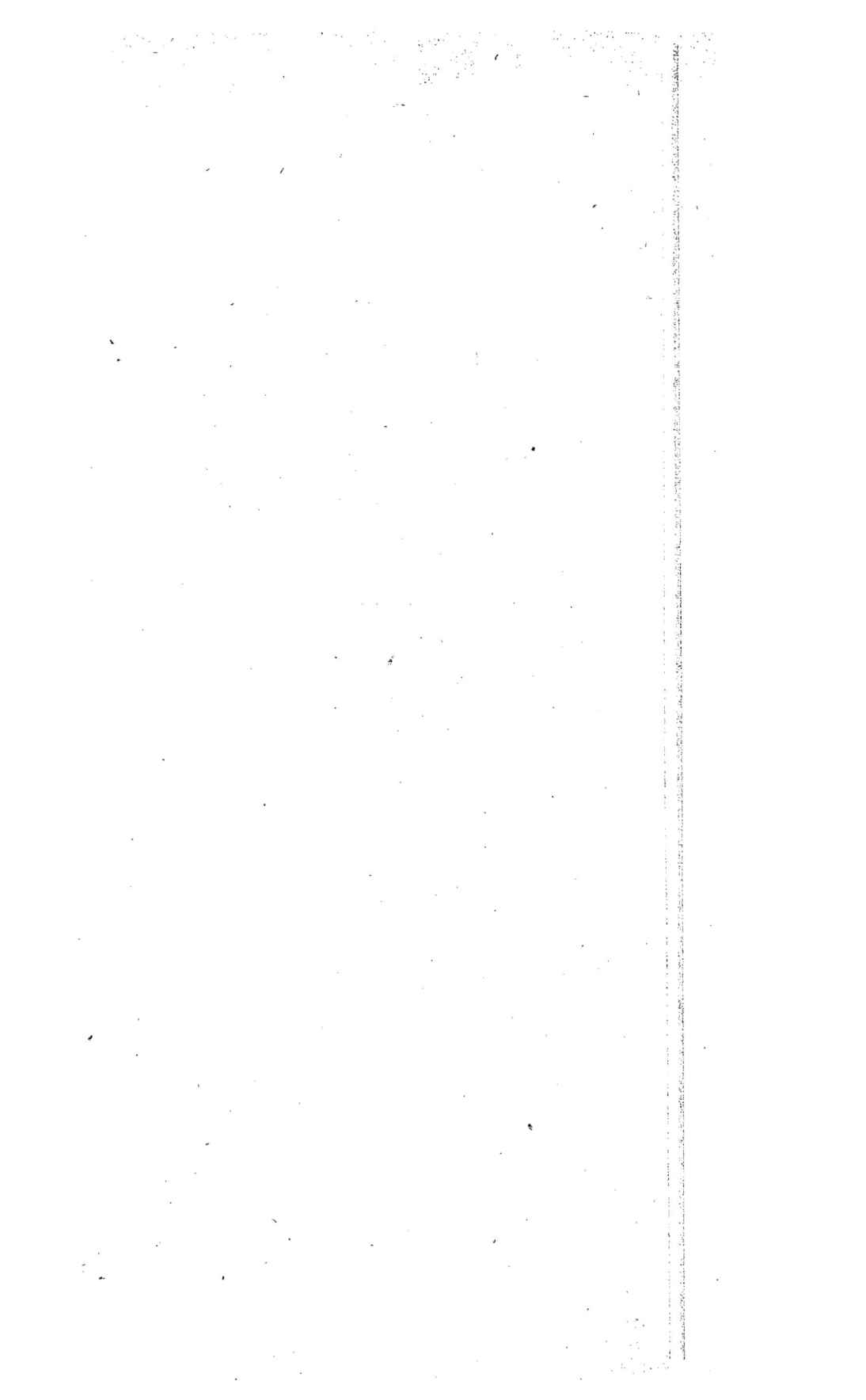

# L'HEUREUX DÉCLIN

## SONNET DU TASSE

L'âge qui de la vie est la froide soirée
Nous peine bien souvent par l'effroi de la mort,
Effroi que la nature a fait d'autant plus fort
Qu'on s'attend davantage à son heure abhorrée.

Une fois l'existence en cette phase entrée,
Plus d'espoir que le ciel égaye notre sort,
Et plus le jour pâlit, plus, en ce déconfort,
On souffre au souvenir de sa lueur dorée.

Ah! lorsque noblement on a fait son chemin
Comme, au soir, notre vie est calme et comme encore
Son tiède Occident de pourpre se colore!

De tes jours, ô Mosto! tel est le pur déclin;
Il ne craint pas la mort, la mort pour l'innocence
Plutôt un doux repos qu'une dure souffrance:

Traduit de l'italien.

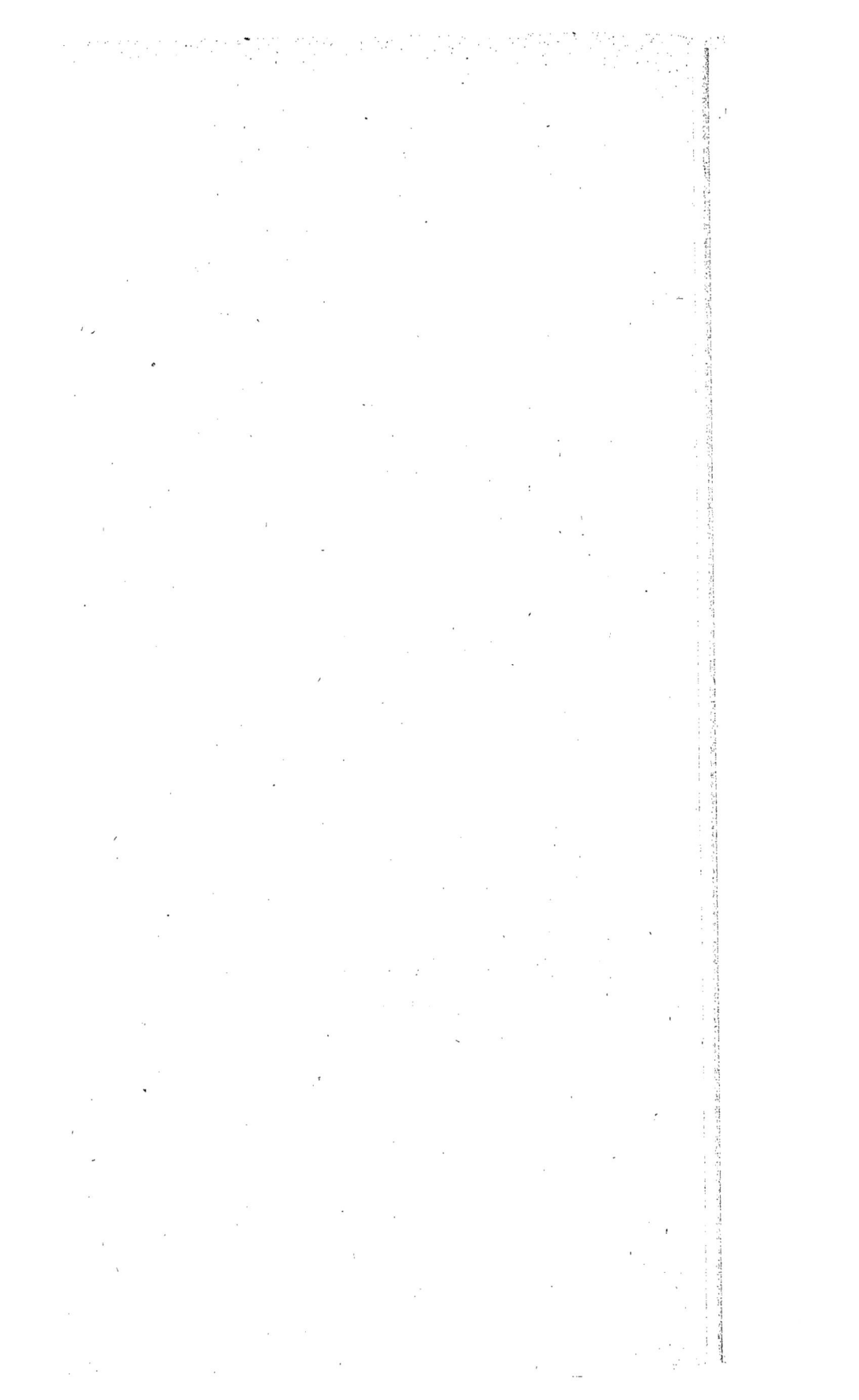

# L'INFINI

Chers m'ont toujours été ce talus solitaire
  Et cette haie en verte frondaison
Qui formant un obstacle au jeu de ma paupière
  Entièrement me cachent l'horizon.
Assis et regardant ce rempart, j'imagine
  Bien au delà des espaces sans fin,
Des silences que rien n'interrompt, ne domine,
  Des calmes pleins d'un effroi souverain.
Et tout en écoutant le vent dans le feuillage
  Pénétrant fort ou glissant à demi,
Je m'en vais comparant à son vain babillage
  La majesté du silence infini.

Alors l'éternité revient à ma pensée

    Avec ses jours, morts, éteints à jamais,

Et je me dis : Que sont, sous son onde glacée,

    Tous les grands bruits que les siècles ont faits?

Dans cette immensité je m'abîme et me noie;

    Pour en sortir je ne fais nul effort;

Au contraire, je sens même une douce joie

    A naufrager dans cette mer sans bord.


              Traduit librement de Leopardi.

# UN PREMIER TRAIT DU CID

Diègo Lainez, seul en sa demeure,
Pensait tristement à l'outrage affreux
Qu'avait, dans le cours d'une mauvaise heure,
Reçu sa maison au blason si vieux.
Il désirait fort en tirer vengeance;
Mais l'âpre vieillesse a glacé son bras
Et tout malheureux de sa défaillance
Il ne peut dormir, prendre ses repas,
Relever son œil, toujours fixe à terre,
Du seuil du logis dépasser la pierre
Et même parler à ses chers amis.
Au contraire, il fuit ces cœurs aguerris
Redoutant, hélas! de souiller leur âme
D'un mot imprégné de sa honte infâme.

De l'honneur blessé telle est la douleur.
Pourtant à travers le souci rongeur
Il cherche un moyen de laver l'offense
Et tente à dessein une expérience. —

Il appelle à lui ses nombreux enfants ;
Ils arrivent tous, inquiets, tremblants ;
Dès qu'ils sont rangés autour de sa chaire,
Sans leur dire mot de ce qu'il va faire,
Et vite empruntant à son fier honneur
Un reste de nerf, malgré la froideur
D'un sang tout usé par longueur de vie
A tous, tour à tour, il saisit la main
Et comme un étau la presse, soudain
Chacun stupéfait s'émeut et s'écrie :
« O Seigneur ! lâchez notre main meurtrie !
Pourquoi la tenir sous vos doigts serrés !
Assez, lâchez-nous, car vous nous tuez ! »

Quand Rodrigue vint à subir l'étreinte
Don Diègue était presque sans espoir :
Mais souvent l'on trouve où l'on avait crainte
De chercher en vain et de rien avoir.
Aussi, l'œil flambant, Rodrigue s'écrie :
« Lâchez, lâchez-moi, chef de ma maison,
Et que votre main vite se desserre,
Car si vous étiez autre que mon père,

D'un tel traitement j'aurais bien raison
Non avec des mots, mais par action,
Et dans vos boyaux s'ouvrant une issue
Mon ongle irait comme une dague aiguë. »

Soudain le vieillard de joie éclatant
Et tout en pleurs dit : « O mon cher enfant,
Vrai fils de mon âme, à mon cœur de père
Ta révolte plaît et sous ta colère
Je sens se calmer mon chagrin cuisant!
Mon Rodrigue aimé porte ta vaillance
A vaincre le bras qui me fit offense,
Sauve mon honneur à jamais perdu
Si par ton triomphe il ne m'est rendu! »
Lors il lui conta sa mortelle injure,
Le bénit et puis mit en sa main sûre
L'épée avec quoi tuant l'insulteur
L'enfant commença ses jours de grandeur.

Imité du ROMANCERO.

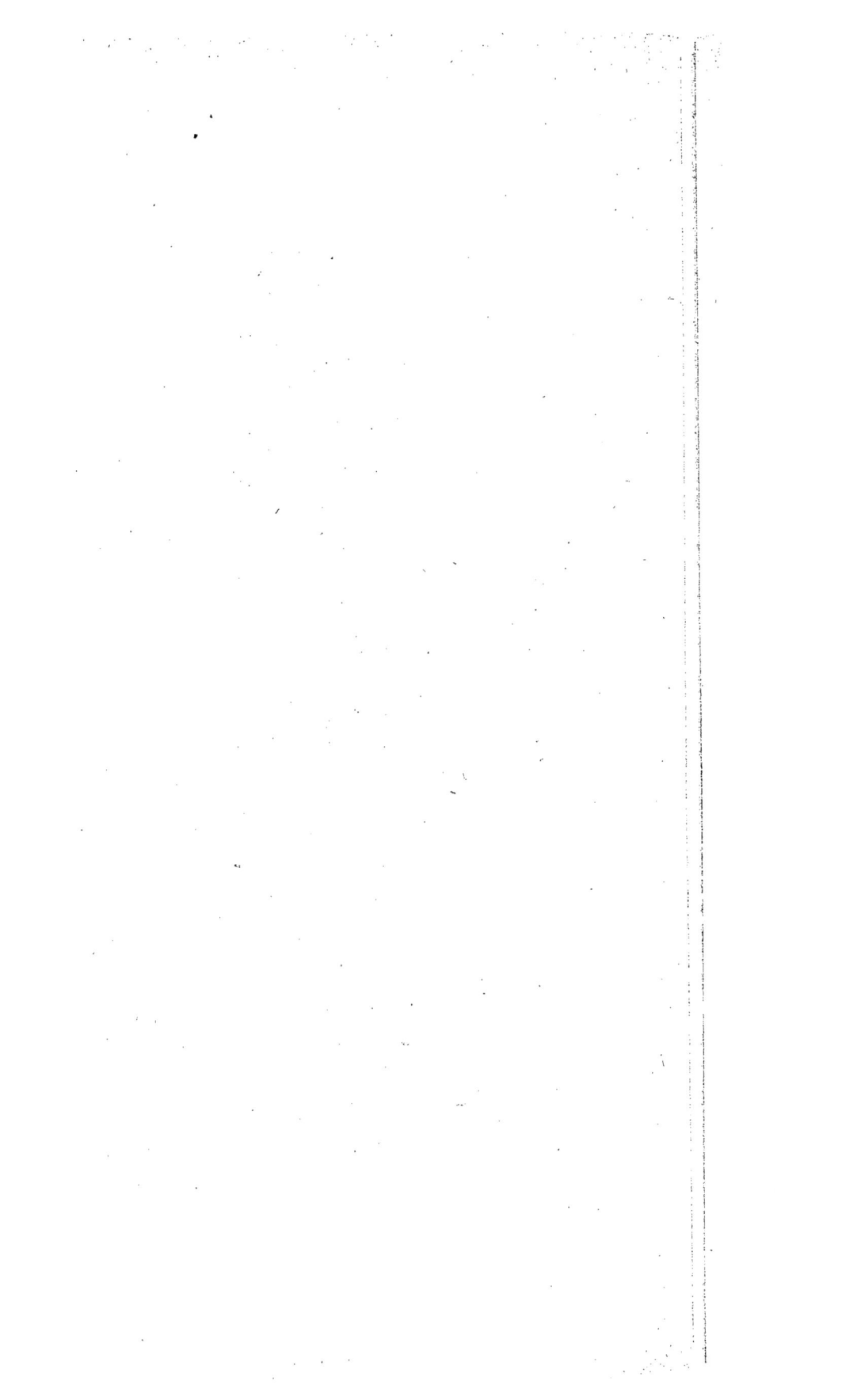

# ÉLÉGIE DU CAMOËNS

Un jour je me trouvai près du fleuve profond
Qui coule vers Babel d'une course rapide
Et seul, assis au bord et les deux mains au front,
Je laissai choir des pleurs de ma paupière humide.

Je pleurai d'avoir vu que nos maux les plus grands
Étaient presque toujours le fruit de l'inconstance
Et que cette inconstance à la fuite des ans
Elle-même devait sa fatale existence;

D'avoir vu combien peu brillait d'un vif éclat
Ce qu'on nomme fortune en langage ordinaire
Et comme se trouvaient bientôt en triste état
Ceux qui s'étaient fiés à la chance prospère;

D'avoir vu que les biens qu'on estimait le plus
Et desquels on avait le moins l'intelligence
Étaient les jours heureux que l'on avait perdus
Et dont on ne pouvait ravoir la jouissance ;

D'avoir vu trop souvent le bien tourner en mal
Et le mal devenir mal de la pire espèce
Et, partout et toujours, notre repos final
Être au prix d'un labeur qui n'avait point de cesse ;

Enfin qu'il n'était pas de vrai contentement.
En ce monde d'un jour et de passions folles,
Et je pleurai de voir, moi-même, en ce moment
Jeter à tous les vents d'inutiles paroles.

Imité du portugais.

# LE RÉVEIL DE LA SULTANE

Lorsque, vers le matin, le corbeau de la nuit
Eut pris son envolée et fait place au doux bruit
 Des oiseaux de l'aurore,
Que les gais rossignols cachés dans les bosquets
Emplissaient l'air des chants et des brillants caquets
 De leur gorge sonore,
Que la rose entr'ouvrant les voiles de son sein
Avec tous ses boutons, effervescent essaim,
 Exhalait son arôme
Et que la violette, ornement des gazons,
A l'odeur des jasmins étoilant les buissons
 Entremêlait son baume,
Zuleïka plongée en un sommeil heureux
Avait le cœur tourné vers l'autel radieux
 D'une vision sainte;

C'était moins un sommeil qu'une molle torpeur,
Un vague égarement causés par la langueur
    De la lumière éteinte.


Ses esclaves du front touchèrent ses pieds nus ;
Ses femmes sur sa main aux doigts longs et menus
    Mirent leur lèvre tendre ;
Alors elle écarta son voile comme un lys
Secouant l'eau que l'aube aux rayonnements gris
    Dans les fleurs vient répandre,
Elle ouvrit ses deux yeux tout chargés de sommeil
Et l'on aurait cru voir la lune et le soleil
    Jeter leur clarté belle :
Puis sur le lit soyeux son corps blanc se dressa
Et sans dire un seul mot son œil se promena
    Doucement autour d'elle...

Imité de JAUMI.

# CHANT DU BUVEUR

GHAZEL

Ami, fais couler dans ton verre
Les liquides rubis du vin
Et mets en joie, âme sincère,
Ton œil triste, ton cœur chagrin !
Ris des bigots à sombre face
Et soutiens que leur paradis
Avec ses fleuves point n'efface
Rokenbad au bleu coloris,
Ni que la gracieuse masse
Des bosquets du divin pourpris
O Moseley, point ne surpasse
La beauté de tes bords fleuris !
Ne dis rien de la destinée,
Mais plutôt parle-moi d'odeurs,
De vins pourprés, de jeunes cœurs,
Délices d'une âme entraînée ;

Tout n'est que nuage ici-bas,

Illusion qui fuit nos pas ;

Ainsi donc, aux corps délicats,

Aux parfums, aux vins blancs et roses,

Borne tes vœux sans espérer

Jamais comprendre et pénétrer

La sainte obscurité des choses !

Allons, mon chant, mon simple chant,

Toi qui du cœur vas t'épanchant

Au gré de la bonne nature

Comme ces perles d'Orient

Que l'on enfile à l'aventure,

Sors de ma lèvre en souriant !

Les belles disent qu'aux oreilles

Tes notes arrivent pareilles

Au plus doux miel, ah ! que bien mieux

Elles retentiront encore

Si la charmante que j'adore

Et pour qui je les fais éclore

Goûte leur bruit harmonieux.

Imité d'HAFIZ.

# LA PROMESSE DU SULTAN

Par une nuit d'automne humide et glaciale
Où tombaient sourdement des flots de neige épais,
Sous les plis chaleureux de sa mante royale
Le sultan bien caché rentrait dans son palais.

Mais voilà que passant devant la sentinelle
Qui veillait à la porte avec sa lance au pié
Et, la voyant en butte à la bise cruelle,
Il sentit en son cœur monter quelque pitié.

« Pauvre soldat, dit-il, toi dont l'âpre froidure
Fait trembloter le corps tel qu'un cyprès aux vents ;
Attends un peu ; tu vois ce manteau de fourrure ?
Je vais te l'envoyer par un de mes suivants. »

Puis comme redoublait la tourmente glacée
Sous l'arche orientale il disparut soudain,
Laissant la sentinelle au fond de sa pensée
Louer Dieu d'exister sous un tel souverain.....

Par malheur le sultan avait un doux caprice;
Sur son âme régnait un ange de beauté,
Une esclave à l'œil noir, blanche comme un narcisse
Et dont la voix faisait mourir de volupté.

Sitôt qu'il apparut, la séduisante femme
Lui mit autour du cou ses deux bras arrondis
Et, posant sur sa bouche une lèvre de flamme,
Réchauffa jusqu'au cœur ses membres engourdis.

De ce réseau d'amour ne pouvant se défendre
Et, pour s'y bercer mieux, fermant l'œil à moitié,
Doucement avec elle au lit il vint s'étendre
Et le pauvre soldat fut bientôt oublié.

Hélas! d'un ciel neigeux la fatale inclémence
N'était pas, dans la nuit, son unique tourment;
Mais la peine de voir faillir son espérance
Augmentait sa détresse et son abattement.

Or, comme du matin la lueur souveraine
Allait faire envoler les ombres de la nuit,

Tandis que le sultan dormait à pleine haleine
Le soldat, tout glacé, murmurait à part lui :

« O sultan, il se peut que ton étoile heureuse
T'ait rendu négligent de mon triste destin
Et qu'ayant dans les bras une jeune amoureuse,
Ton âme n'ait pensé qu'à son charme divin.

Pour toi la nuit s'en va comme une onde rapide,
Car en la volupté passe chaque moment,
Et tu ne comprends pas sur ta couche splendide
Qu'elle coule pour moi sombre et si lentement.

Lorsque la caravane est dans l'hôtellerie,
Assise et buvant frais sous un portique ombreux,
Songe-t-elle au marcheur que dans son incurie
Elle a laissé vaguant par les sables en feux ?

O puissant maître ! vite à la rivière envoie
Monté de bons rameurs ton solide bateau,
Car ceux qui la croyaient guéable en sont la proie
Et faute de secours vont se perdre sous l'eau !

Jeunes gens, jeunes gens, ralentissez la marche ;
Tout le monde n'a pas des jarrets de vingt ans.
Derrière vous il est plus d'un vieux patriarche
A la taille voûtée, aux genoux fléchissants ;

Et toi qui dors au fond d'une molle litière,
Tranquille sur la foi d'un brave conducteur,
Rouvre de temps en temps ta pesante paupière
Et regarde au dehors, fortuné voyageur !

Vois ces monts escarpés dressant leurs crêtes mornes,
Vois ces âpres chemins sur leurs flancs rocailleux,
Puis ces sables brûlants et ces déserts sans bornes,
Houleux comme la mer et nus comme les cieux !

Et songes qu'au moment où sans fatigues rudes
Pourvu de pain le jour et d'un gîte le soir,
Tu marches, il en est au sein des solitudes
Qui meurent dans l'angoisse et dans le désespoir ! »

Imité de SADI.

# PLUIE DE PRINTEMPS

## ODELETTE

O la bonne petite pluie
Qui sait qu'on la désire et qu'on en a besoin,
Et qui vient, au printemps, aider si juste à point
    L'essor de la nouvelle vie !

    Pour nous arriver à propos
Elle a choisi le temps de la nuit solitaire
Avec un vent propice afin que sur la terre
    Descendent doucement ses eaux.

    Elle a mouillé toutes les choses
Très finement, sans bruit et je vois, aux jardins,
Pleines d'humeur limpide et de baumes divins,
    S'épanouir les fleurs écloses.

              Imité d'un poète chinois.

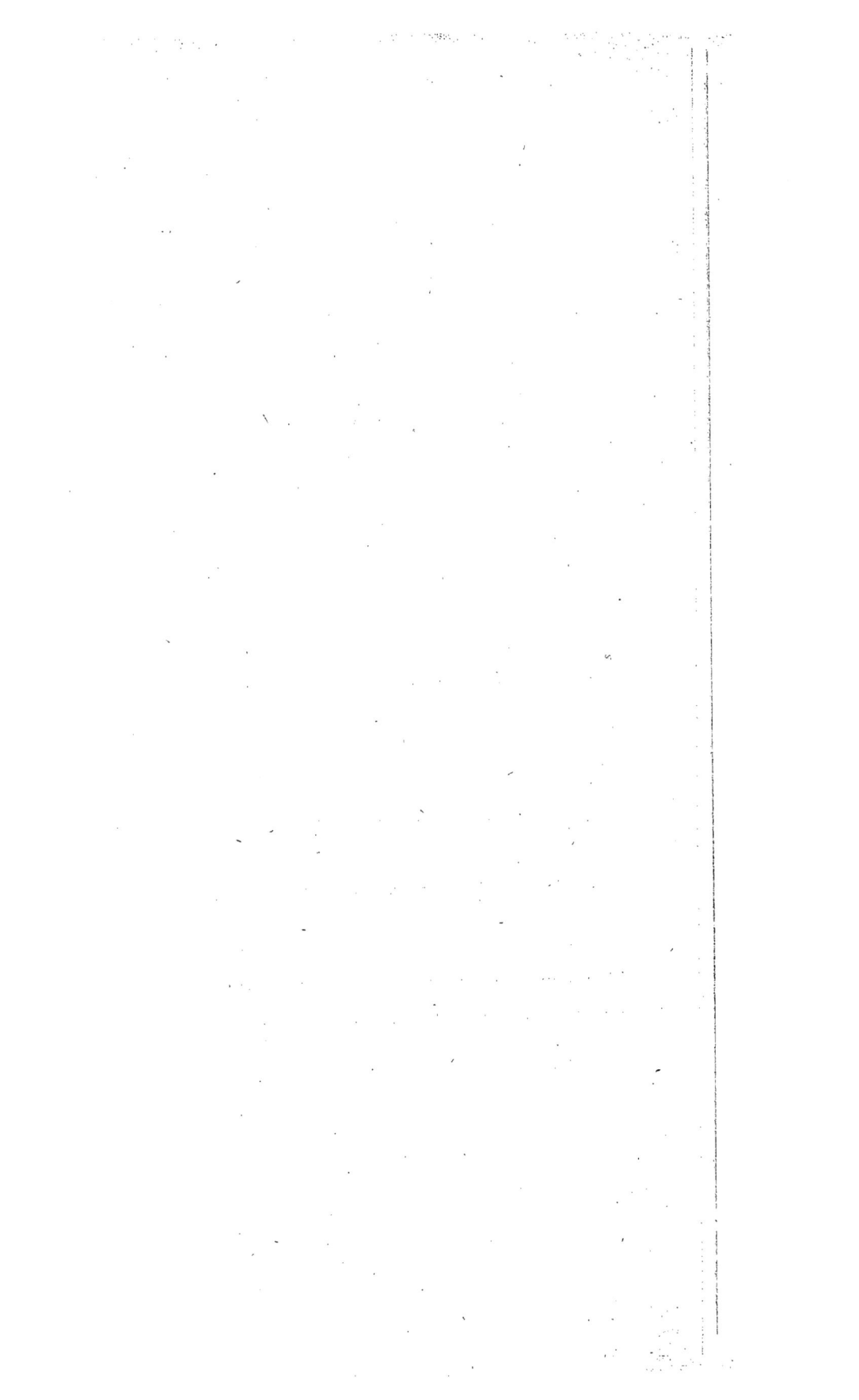

# LA PLAINTE DES SOLDATS

Les chars crient en roulant, les chevaux soufflent, hennissent
Et sur le dos des guerriers arcs et flèches retentissent.

Pour les escorter un peu, leurs femmes, leurs doux enfants
Et leurs pères, pêle-mêle entrent, courent dans les rangs.

La poussière autour d'eux vole et si forte qu'en leur marche,
Près du pont de Pien-Yang, ils arrivent sans voir l'arche.

Comme pour les retenir on s'attache à leurs habits ;
On les saisit par le bras, on pleure, on pousse des cris ;

Et ces plaintes, ces clameurs, du cœur douloureux orages,
Montent véritablement jusqu'au pays des nuages.

Les passants, en curieux, rangés le long du chemin,
Interrogent tristement ces marcheurs sur leur destin.

Et ces hommes n'ont pour eux qu'une réponse obstinée :
« En marche, en marche toujours! telle est notre destinée! »

Quand ils allèrent au Nord établir leurs vastes camps,
Certains d'entre eux ne portaient sur la face que quinze ans.

Maintenant qu'ils ont atteint ou passé la quarantaine,
C'est à l'Ouest qu'il leur faut pétrir la terre lointaine.

Leurs cheveux étaient tout blancs quand ils revinrent du Nord;
Las! ils n'en sont revenus que pour repartir encor.

Insatiable en ses plans de grandeur et de conquête,
L'Empereur n'écoute rien des pauvres gens qu'il maltraite :

En vain des femmes de cœur, peu faites aux durs travaux,
Se mettent à la charrue et manœuvrent les hoyaux;

Le sol n'est point fécondé par ces ardeurs féminines
Et partout reste couvert de broussailles et d'épines.

La guerre sévit toujours..... dans les champs, dans les cités,
Le meurtre est inépuisable en froides atrocités!

Il n'est point fait plus de cas des existences humaines
Que de celles des poulets, des moucherons et des chiennes.

Quoiqu'il y ait des vieillards dans ces interrogateurs,
Les guerriers violemment leur expriment leurs douleurs :

« Ainsi donc, leur disent-ils, à l'hiver l'été succède
Sans apporter à nos maux ni relâche, ni remède;

Et les collecteurs chez nous viendront réclamer l'impôt;
Mais d'où pourra-t-il sortir lorsque tout nous fait défaut.

Ah! nous en sommes venus à ce comble de misère
Que la naissance d'un fils nous est une peine amère,

Tandis qu'une pauvre fille, au contraire, parmi nous
Est un sujet d'allégresse à nous rendre presque fous.

Une fille, un bon voisin peut la prendre en sa demeure,
Comme femme, mais un fils! le malheureux faut qu'il meure! »

Prince, vous n'avez pas vu la mer bleue où par monceaux
Sur ses rives à l'air frais, blanchissent des milliers d'os?

Là, tous les esprits guerriers frappés d'une mort récente
Importunent les vieux morts avec leur voix gémissante;

Le ciel est sombre, la pluie est froide et, de tous côtés,
On n'entend que cris plaintifs sur ces bords épouvantés.

Imité du poète THOU-FOU,
d'après M. HERVEY DE SAINT-DENIS.

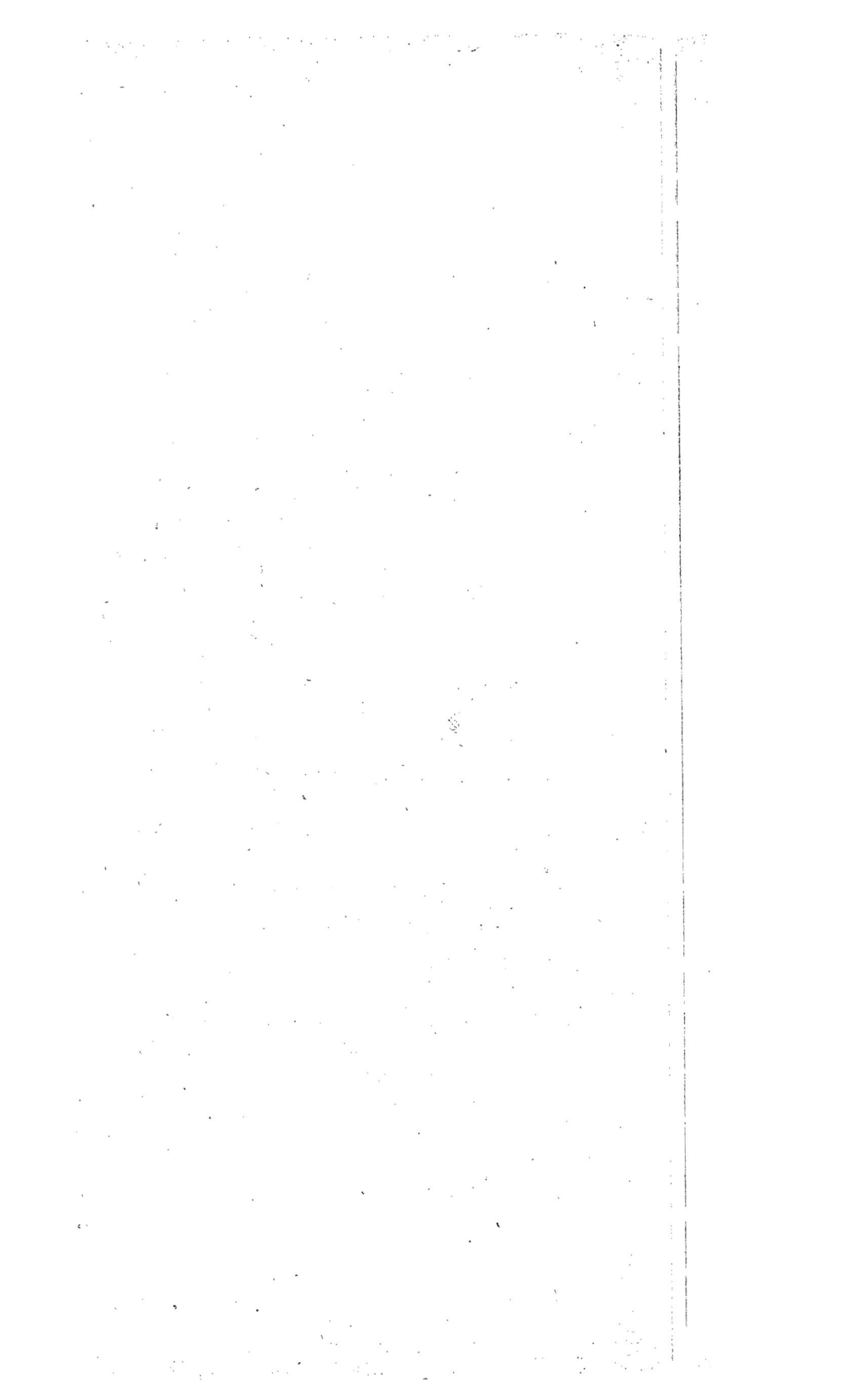

# PSAUME

Heureux l'homme qui suit toujours ses bons penchants
Et n'écoute jamais les conseils des méchants!
      Heureux qui ne s'arrête
Jamais dans le chemin hanté par les pécheurs
Et ne repose point sur le banc des railleurs
      Ni ses reins, ni sa tête!


Mais heureux qui se plaît aux lois de l'Éternel
Tellement qu'absorbé dans les choses du ciel
      Nuit et jour il médite
La parole donnée au Sina tout en feu
Et par la forte main du prophète de Dieu
      Sur les tables écrite!

Il sera comme l'arbre auprès des vives eaux
Qui rend dans la saison des fruits nombreux et beaux
    Et dont le vert feuillage
Toujours touffu, toujours frais et renouvelé,
Ne laisse jamais voir de son bois désolé
    Le stérile branchage.

Ce qu'il fera sera bien fait et réussi;
Tandis que des méchants point n'en doit être ainsi :
    Tout ce que cette race
Sur terre entreprendra sera fragile et vain ;
Elle-même sera comme la peau du grain
    Qu'un souffle de l'air chasse;

Car dans ses jugements l'éternel Dieu jamais
Ne la mettra, fermant au monde des mauvais
    Ses conciles augustes,
Regardant tous leurs pas comme n'allant à rien
Et de l'œil ne suivant et ne connaissant bien
    Que la trace des justes.

Imité du roi DAVID.

# LAMENTATION DE JÉRÉMIE

Près des fleuves de Babel assis les yeux tout en pleurs,
Nous songions à toi, Sion, et muets dans nos douleurs

Nous laissions nos harpes pendre aux saules verts du rivage;
Alors nos vainqueurs ont dit, pour railler notre esclavage :

« Chantez des airs de Sion ! » — Ah ! comment pouvoir chanter
Le saint nom de Jéhovah sur le sol de l'étranger? —

O chère Jérusalem ! que ma langue soit flétrie
Et ma main froide et séchée avant que mon cœur t'oublie !

Non, jamais aucun de nous point ne cessera de voir
En toi le champ du salut et l'étoile de l'espoir !

O Babel atroce ! heureux qui, te rendant nos misères,
Prendra tes petits enfants et les broîra sur les pierres !

9

# FRAGMENT DU CANTIQUE DES CANTIQUES

PAR LE ROI SALOMON

Je suis la rose de Sâron,
Le muguet odorant qui croît dans le vallon.

———

Tel le muguet parmi les ronces, les nielles,
Telle ma grande amie entre les jouvencelles.

———

Comme au sein des forêts un pommier haut ramé,
Parmi les jeunes gens tel est mon bien-aimé :
J'ai désiré m'asseoir sous son superbe ombrage
Et très beau m'a paru le fruit de son feuillage.

Mon bien-aimé vers moi s'avançant, par la main
M'a prise et m'a menée au salon du festin ;
Là, pour moi sa tendresse ardemment s'est montrée
Et sur mon corps, Amour a jeté sa livrée.

Faites-moi revenir le cœur avec du vin
Et préparez mon lit sur des pommes de pin ;
Car pour lui je me sens l'âme tout enflammée ;
Je souffre, je languis et je tombe pâmée.....

Qu'il vienne et que, penché sur mon sein amoureux,
Sa main gauche étayant ma nuque aux noirs cheveux,
Il tienne mon front haut, tandis que de la droite
Il serrera mon corps en une chaîne étroite.

———

O filles de Sion, vierges aux yeux brillants,
Par les chevreuils légers, par les biches des champs,
Je vous adjure, en paix laissez celle que j'aime
Dormir et que l'éveil lui vienne d'elle-même !

———

Mais voici que j'entends le chéri de mon cœur ;
Il s'avance vers moi plein d'une tendre ardeur,
Franchissant à grands pas la cîme des montagnes,
Et sautant par dessus les vallons, les campagnes.

Mon bien-aimé ressemble au chevreuil bondissant :
Le voilà qui s'approche ; il vient en se glissant
Derrière notre mur et laisse son visage
A demi se montrer au croisé du treillage.

Mon bien-aimé soudain s'écrie : Oh ! lève-toi !
Sors du lit, ô ma belle et viens-t'en avec moi ;

Car l'hiver a quitté les fonds de la vallée
Et pour longtemps du ciel l'onde s'est écoulée.

Partout croissent les fleurs, aux prés, sur les buissons,
Et comme elles partout renaissent les chansons;
Et dans tout le pays vert de feuilles nouvelles
Retentit doucement la voix des tourterelles.

Le figuier a poussé déjà ses premiers fruits;
Les vignes sont en grappe et leurs grains élargis
Répandent dans les airs une odeur ravissante
Laisse, laisse ton lit, ma belle languissante!

———

O colombe tapie au creux d'un fier rocher,
En des lieux d'où les pas ne peuvent approcher,
Fais-moi voir ton regard, fais-moi ta voix entendre,
Car ta voix est très douce et ton regard est tendre!

Attrapez les renards et tous les renardeaux;
Ce sont des ravageurs, des rongeurs d'arbrisseaux,
Qui gâtent les vergers au moment où la vigne
Nous présente l'espoir d'une récolte insigne.

———

Mon ami m'appartient comme je suis à lui;
Je suis son ornement comme il est mon appui;
Il paît, en long troupeau, ses brebis rassemblées
Parmi le blanc muguet des profondes vallées.

Avant que l'ombre parte et que le vent du jour
Souffle, vers ton amie, oh! reviens, mon amour,
Reviens comme le faon des biches éperdues
    Au creux des montagnes fendues.

                  Imité d'une vieille Bible du XVIIᵉ siècle.

# MORT DE SAKHAR

Sakhar, fils de Schârid, homme plein de vaillance,
Reçut dans un combat, au flanc, un coup de lance.
La blessure n'était point bonne et sur son lit
Depuis un an bientôt tristement il languit.
Sa femme qui le soigne et qui le quitte à peine
En a tant de souci qu'elle l'a pris en haine.
Une fois il l'entend en proie à ses douleurs
Répondre à la voisine en quête de ses pleurs :
« Tu demandes comment va cette maladie,
Ce qu'il devient; hélas! que te dirai-je, amie!
Ce n'est pas un vivant qui nous fasse espérer
Un mort même à l'oubli que l'on puisse livrer;
Vraiment cet homme-là me rend la vie amère. »
Lorsqu'on interrogeait au contraire sa mère
Elle disait : « Ayez, comme moi, de l'espoir;
Allah le guérira si tel est son vouloir. »

Sakhar qui les avait l'une et l'autre entendues
Laissa jaillir ces vers de ses lèvres émues :

« Pour sa mère, Sakhar n'est jamais un ennui,
Mais Soulayma, sa femme, est sans pitié pour lui.

Que, méprisé de tous, il tombe en la misère
Celui qui met sa femme au niveau de sa mère !

Je voudrais bien frapper encor quelque bon coup,
Mais l'Onagre épuisé ne se tient plus debout.

Ah ! je ne croyais pas devenir ce cadavre
Qui te lasse l'épaule, ô femme, et qui te navre.

Oui, certes, je comptais sur un plus prompt trépas ;
Mais comme l'on se flatte et se trompe, ici-bas !

Je réveille, en mourant, le brave qui sommeille ;
Qu'il comprenne ma voix s'il n'est pas sans oreille ! »

Après bien des douleurs, un grand bourlet de chair
Se forma sur sa plaie. — On lui dit : « Ami cher !
Nous aurions pour tes jours encor de l'espérance
Si tu laissais couper cette forte excroissance ?
— Faites, leur dit Sakhar, ainsi qu'il vous plaira. »
On coupa le bourlet et Sakhar expira.

Poésie arabe avant Mahomet.
D'après M. Fulgence FRESNEL.

# OUMOU-AMIR

Oumou-Amir s'en est allée
Sans dire à ses voisins adieu ;
Cette abeille s'est envolée
Vers je ne sais quel autre lieu.

Pauvre amoureux ! elle est partie
Lorsqu'au désir s'ouvrait ton cœur ;
Loin d'elle, que devient ta vie ?
Dis adieu, toi-même, au bonheur.

Ce qui me charme en cette fille
C'est qu'en sa course on ne voit pas
Son voile blanc, flottante grille,
De son front glisser sur ses pas.

Toujours les yeux fixés à terre
On dirait qu'elle va cherchant
Quelque chose sur la poussière,
Par elle perdue en marchant :

Si jamais un mot de sa bouche
Vous est jeté..... tout aussitôt
Une honte extrême la touche
Et la fait taire après ce mot.

Imité du vieil arabe.

# AU DÉSERT!

CASSIDEH DE SCHANFARA LE COUREUR

. . . . . . . . . . . . . . . . . .

Il est de par le monde un asile serein
Où le cœur courageux s'abrite du chagrin
Et se met hors des traits noirs de la malveillance.
Tout homme qui n'est point privé d'intelligence
Mais qui, doué de sens et bon marcheur de nuit,
Poursuit bien ce qu'il veut et fuit ce qui lui nuit,
Ne se verra jamais emprisonné sur terre !
Adieu frères, adieu nobles fils de ma mère !
Au désert je m'envais..... pour famille, là-bas,
J'aurai le loup errant, la panthère au poil ras,
L'hyène hérissée aux abois lamentables;
Voilà mon peuple, avec ces êtres redoutables
Un secret confié point des lèvres ne sort,
Et celui qui donna dans un combat la mort

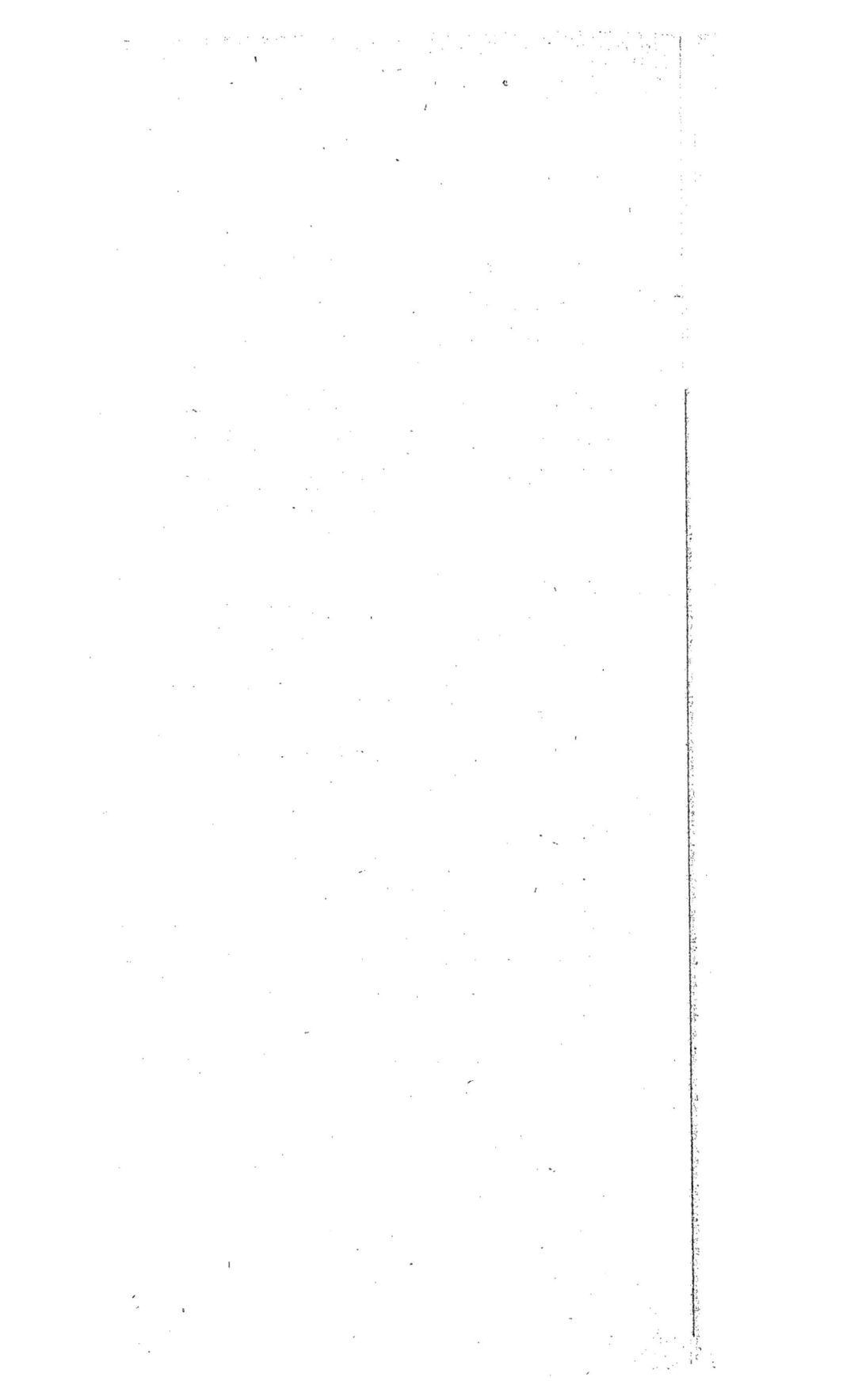

# PAYSAGES

## INTÉRIEUR DE FORÊT

Tandis que la cigale égaye l'ombre noire,
Les éléphants avec leurs défenses d'ivoire
Du chêne ouvrent le bois et font couler le miel.
Un petit habitant de la plaine du ciel,
Le roitelet, perché sur un arbre à fleur rose,
Aux chants du kokila son gazouillis oppose.
Un autre plus bavard, vrai conseiller d'amour,
Dans un rythme enflammé répète nuit et jour :
Joignez-vous, quittez-vous, aimez, aimez sans cesse !
Un autre, transporté d'une sainte tendresse,
S'écrie : O fils, ô fils! d'une aussi douce voix
Que celle dont ma mère enivrait quelquefois
Mon âme, puis enfin la liane qui penche
Sous les fleurs et qui cherche appui sur une branche
Plus forte et ferme qu'elle, à Sîtâ ressemblait,
Sîtâ pâle, lassée, et qui sur moi tombait.....

## L'ILLUSION

Seule et toute attristée, à la chute du jour
Elle va sur la route attendre son amour.
Mais l'ombre qui commence à croître diminue
L'espace qu'elle peut embrasser de sa vue,
Espace entrecoupé de plus d'un creux ravin
Qui retarde les pas du voyageur lointain.
Ne pouvant plus rien voir à travers la campagne,
Elle prend son parti, se retourne et regagne
Lentement son vieux toit de palmes abrité.
Pourtant l'illusion demeure à son côté.
A peine a-t-elle fait un pas qu'elle s'arrête
Et voilà qu'aussitôt elle tourne la tête,
Le cœur tout battant d'aise au moindre petit bruit,
S'imaginant qu'il vient, qu'il est là, que c'est lui !
Mais derrière elle, hélas ! il ne marche personne
Et son pas dans la nuit est le seul qui résonne.

AMAROU.

## LA TEMPÊTE

Soudain un vent terrible accompagné d'éclairs
Des nuages s'élance et s'abat sur les mers.
Les hauts monts ébranlés chancellent et gémissent;
Les grands arbres des bords que les vagues blanchissent
Fracassés, arrachés par la force du vent,
Errent, feuille et racine, au gré du flot mouvant;
L'épouvante est partout. Les énormes reptiles
De la terre et des eaux cherchent les plans tranquilles;
Tout fleuve a suspendu sa course, les poissons
Stupides de frayeur plongent aux plus bas fonds,
Et les affreux géants, horreur des Dieux sublimes,
Tremblent de tout leur corps au creux noir des abîmes.

Imité de l'indien.

## ÉPITAPHE SANSCRITE

Terre, soulève-toi, ne blesse pas mes os!
Sois pour eux prévenante et, douce à leur repos,
Recouvre-les ainsi qu'une alme et tendre mère
Qui cache ses enfants sous sa robe légère.

10

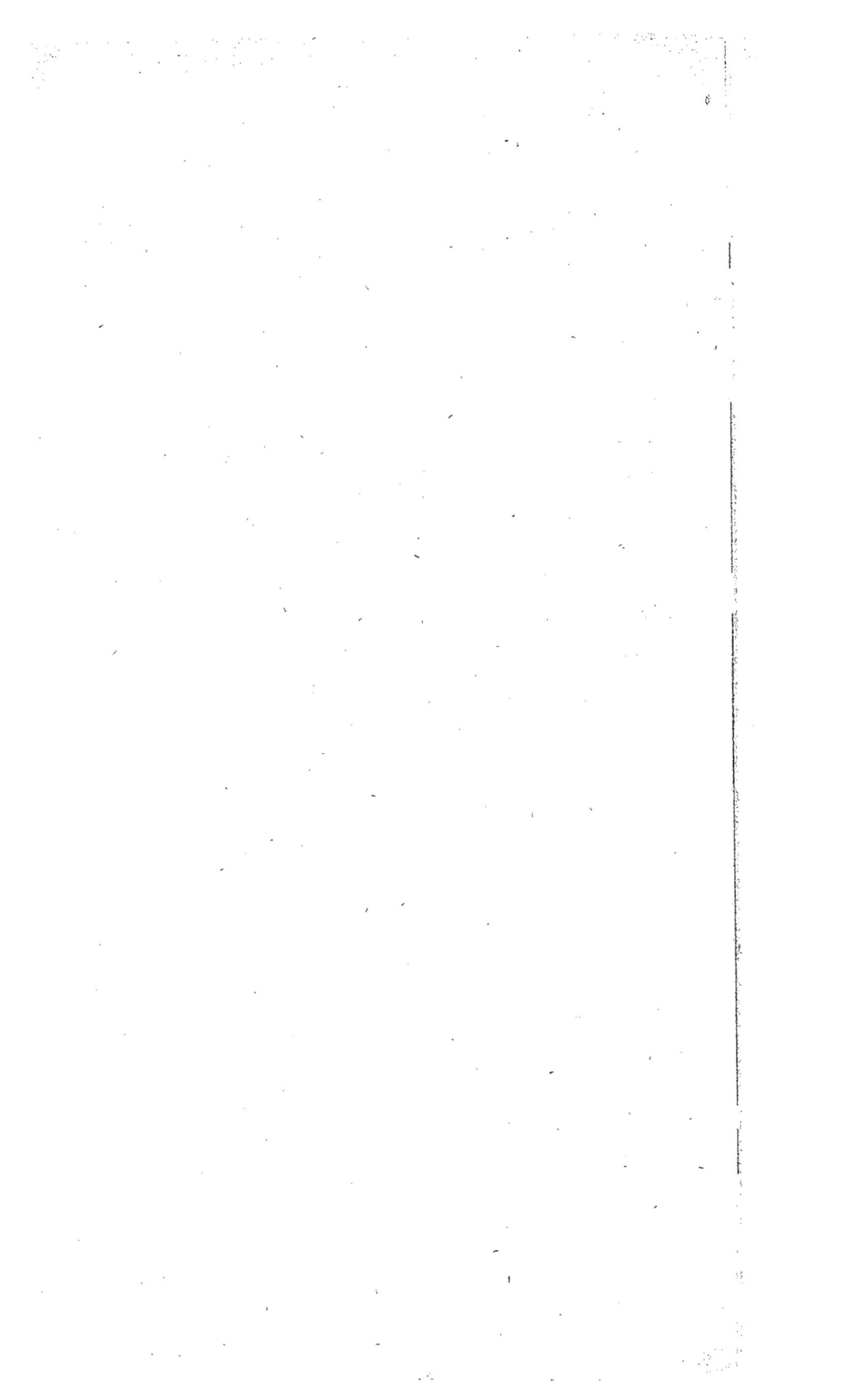

# LA FOURMI ET L'OISEAU

Les sages Indiens racontent dans leurs fables
Qu'un être fort petit, mais des moins méprisables,
Une fourmi cherchait un jour à démolir
Un amas de terreau, tâche énorme à remplir
Pour elle et que, malgré sa force musculaire,
Même sans se lasser, un homme n'eût pu faire.
Elle allait et venait et du plein et du bord
Enlevait çà et là quelques brins et l'effort
Bien qu'il fût peu de chose et de faible nature
Diminuait le tas en certaine mesure.
Un oiseau qui dans l'air passait à ce moment
Vit la petite bête à l'œuvre et vainement
S'efforçant d'amoindrir cette masse rebelle
Des millions de fois plus haute et grosse qu'elle.

Il eut compassion.

        « Hélas! pauvre animal,
Lui cria-t-il, pourquoi te donner tant de mal?
Quelle œuvre tentes-tu, si petite et peu forte? »

— A ces mots celle-ci répondit de la sorte :

« J'ai vu maintes fourmis vers ce tas se porter
Et voyant leur travail j'ai voulu l'imiter;
C'est la condition que j'impose à ma vie.
Si de servir ma race il vous prend quelque envie
Unissez-vous à moi pour démolir ce tas
Et d'un élan commun nous le mettrons à bas.
J'exerce en ce moment les forces de mon être
Et comme un brave cœur à tous je fais connaître
Que j'ai ferme désir d'accomplir mon devoir.

— Fort bien, mais votre but passe votre pouvoir,
Reprit soudain l'oiseau qui se croyait plus sage.
Pour tendre l'arc duquel vous voulez faire usage
Il faut, ma chère amie, avoir plus de vigueur.

— C'est possible, ajouta l'insecte avec douceur :
Mais ayant commencé cette œuvre, quoique immense,
J'emploie à l'achever ce que j'ai de puissance.
Si j'y parviens mes vœux seront comblés, sinon
Nul méchant ne pourra blâmer mon action.

Pour un acte certain chaque homme naît au monde,
Mais il s'en faut qu'au but où son espoir se fonde
Il parvienne toujours. S'il y touche, son cœur
Est exempt de souci, mais voit-il son labeur
Trompé, du moins, il a montré son caractère,
Ce qu'il vaut, et ce fait le devra satisfaire.|

Imité de l'indien.

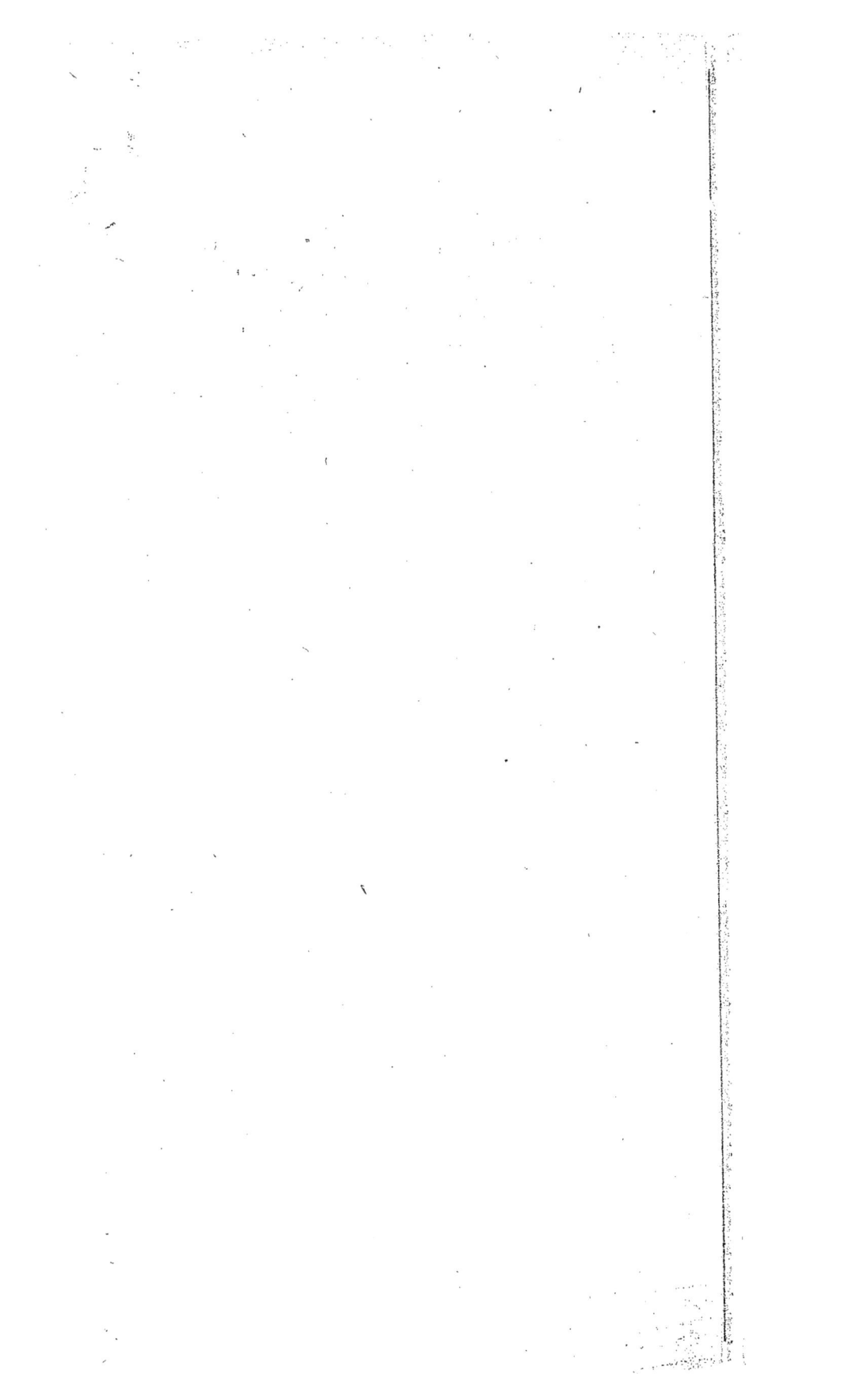

# LE SACRIFICE DE SITA

. . . . . . . . . . . . . . . . . . .

Râmâ plein de douleur baisse à terre les yeux :
Mais elle, saluant l'époux silencieux
Et joignant les deux mains comme une coupe rose,
Marche droit au bûcher et devant lui se pose.
Là, d'abord elle rend d'un ton de voix pieux
Un hommage profond aux Brahmanes, aux Dieux,
Puis inclinant le corps d'une douce manière
Suppliante, elle adresse au *Feu* cette prière : —
« Si par acte ou pensée, en la nuit ou le jour,
Je n'ai jamais trahi les devoirs de l'amour,
O toi, de l'univers témoin sûr, infaillible,
Agnis, protège-moi contre la flamme horrible ! »

Et toute résignée à supporter la mort
Elle fait du bûcher le tour, disant encor :

« O toi qui cours au sein de chaque créature,
Toi, puissant scrutateur du fond de ma nature,
Agnis, protège-moi! j'ai dit la vérité. » —
Puis, un dernier regard sur son époux jeté,
Soumise et l'adorant toujours, victime sainte,
Vers l'autel flamboyant elle marche sans crainte.....
Les jeunes et les vieux poussent un grand hélas!
Hélas! ont répété Varanas, Jatavas,
Tout le troupeau guerrier; mais Sîtâ, cette aurore,
Ce tendre et frais matin que la vertu décore
Avec sa robe pourpre et ses anneaux brillants
Résolument s'assied sur les tisons brûlants.

L'assemblée en clameur éclate toute entière :
Râmâ seul, abîmé dans sa douleur amère,
Mais courbé sous le joug sévère de la loi,
Demeure sur son siège, et, gémissant en soi,
Laisse les pleurs couler de ses yeux comme l'onde.

Tout à coup Kuverâ, le bienfaiteur du monde,
Jamâ, Dieu des morts, Indrâ, maître des cieux,
Varounâ, gouverneur des flots capricieux,
Et Civâ, le triple œil, qui porte pour emblème
Un taureau noir, enfin le grand Brahmâ lui-même,
Et sur un char ailé le roi Daçavathâ,
Paraissent et planant sur la cité Lankâ

Ainsi que des soleils, de leurs chars. de lumière,
Abordent le héros que le malheur attère.


« Nous venons, dit Brahmâ, des célestes hauteurs
Glorifier ton nom et tes actes vainqueurs
Et terminer aussi les peines de ton âme.
Ce n'est point une faible et périssable flamme
Qui circule en ta veine et palpite en ton sein,
Mais l'esprit de Wishnou ! le principe divin,
A revêtu tes traits et ta forme mortelle
Pour vaincre des démons la méchante séquelle
Et de leurs attentats criminels, odieux,
Sauver tout. à la fois les hommes et les dieux.
Il est temps, ô Râmâ! que l'épreuve finisse
Et que la récompense à tes hauts faits s'unisse! »


Or, tandis que parlait ainsi le créateur
Et que le grand héros surpris dans sa douleur,
Écoutait sans bouger, comme dans une extase,
Agnis, sur le bûcher que l'air actif embrase
Pour l'épouse innocente était resté clément
Et ne la blessait pas de son attouchement.
Soudain il prend lui-même une forme visible :
Sous l'aspect lumineux d'un jeune homme sensible,
Aux ardents aiguillons du brasier étouffant
Dans une forte étreinte il enlève l'enfant;

Et bientôt cette grâce aimable et délicate,
Avec ses anneaux d'or et sa robe écarlate,
Belle, mais de vertu plus belle encor, Sîtâ
Tombe des bras du Dieu sur le sein de Râmâ.

Imité de la traduction latine d'ESCHOFF.

# PRIÈRE SOCRATIQUE

O Pan, ô Déités qu'on vénère en ce lieu,
Le seul bien que de vous j'implore, je réclame,
C'est le don précieux de la beauté de l'âme;
Quant aux formes du corps elles m'importent peu!
Je me contenterai toujours de ma figure
Pourvu qu'avec mon âme elle cadre et ne jure,
Que toujours la vertu soit richesse à mes yeux
Et que j'aie autant d'or qu'il convient au vrai sage
D'en porter avec lui pour son modeste usage :
Cher Phèdre, voilà tout mon désir et mes vœux!

Imité de PLATON.

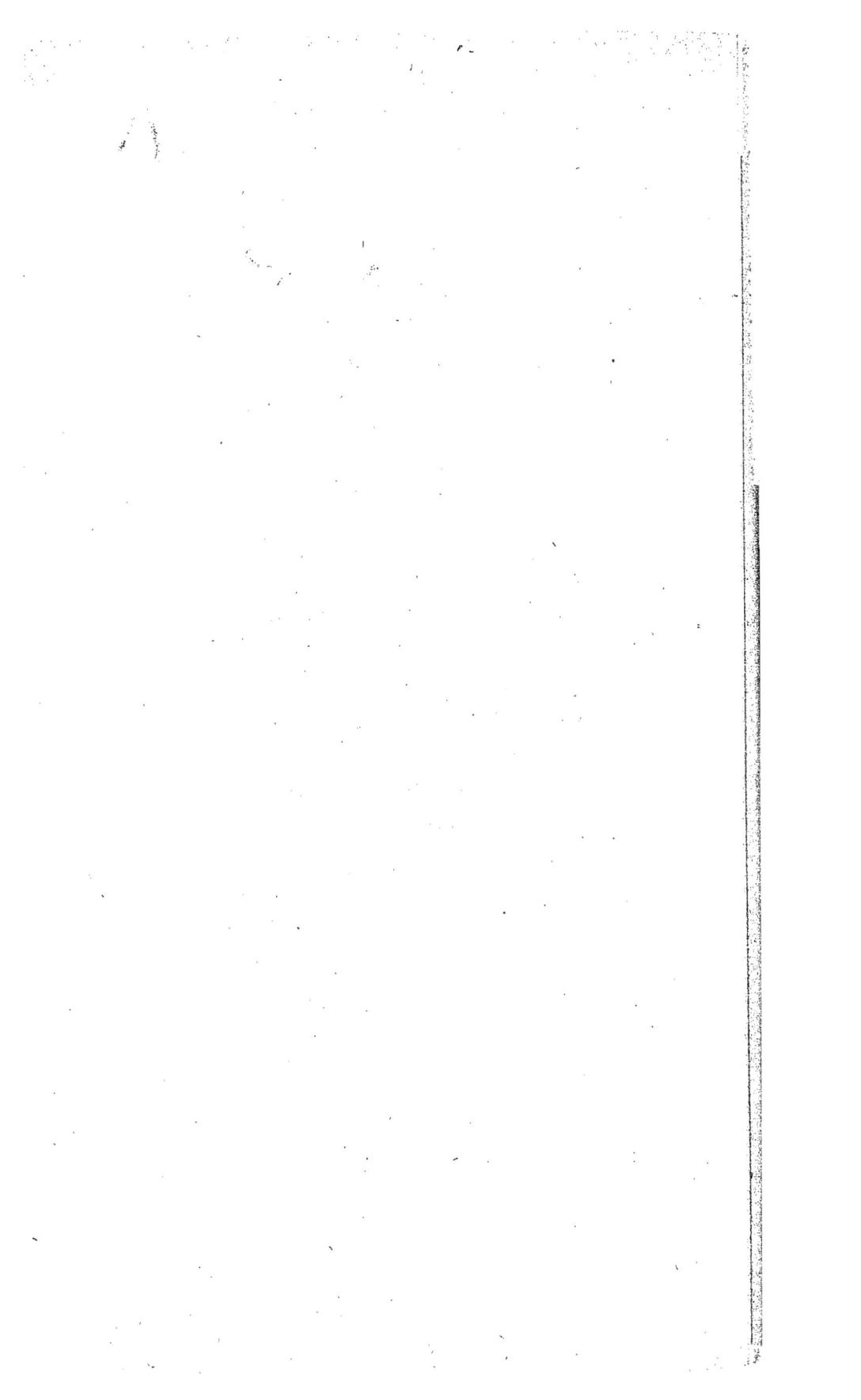

# LE BERGER DE MOSCHUS

Lorsque sur les flots bleus les vents soufflent à peine
Je me laisse tenter par leur masse sereine;
La terre me déplaît et ma timidité
Lui préfère des eaux la tranquille beauté.
Mais lorsque retentit la vague mugissante,
Qu'elle monte, se courbe et tombe blanchissante,
Et qu'en tous sens les flots s'agitent furieux,
Vers la terre soudain se reportent mes yeux
Et, cherchant les grands bois, je fuis la mer sauvage.
La terre m'est plus sûre et plus doux m'est l'ombrage,
L'ombrage des hauts pins où le vent vient chanter.
O pécheur, que ta vie est dure à supporter!
Ton gîte est une nef, ton labeur est sur l'onde,
Et le poisson souvent pour ta nasse profonde
Un butin bien trompeur... quant à moi, l'âme en paix,
Doucement je m'endors sous un platane épais
Et j'aime que le bruit d'une source argentine
Caresse sans effroi mon oreille voisine.

Traduit du grec.

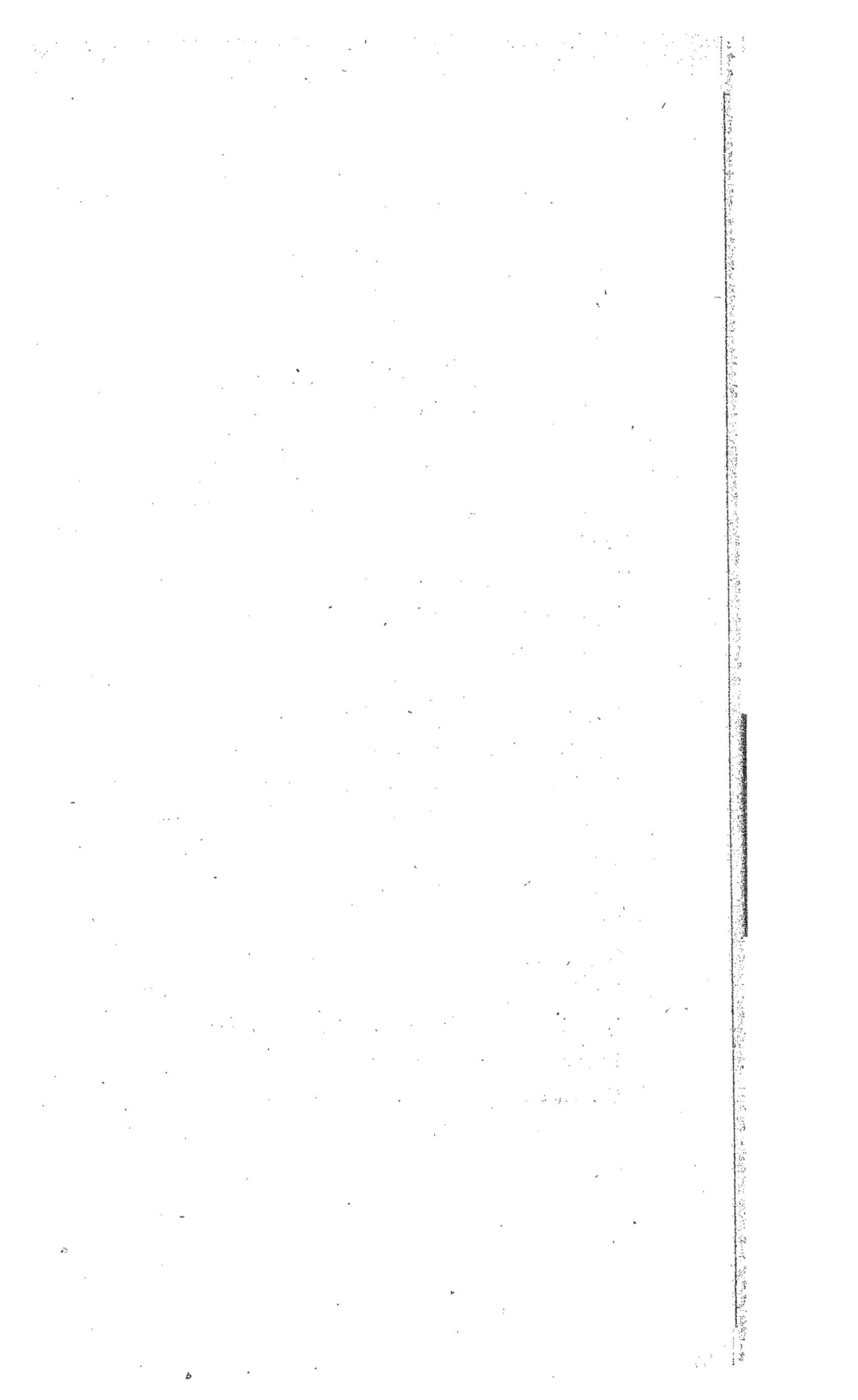

# LES LARMES DE CYPRIS

Mortellement blessé par la dent meurtrière
Adonis expirant gît sur la froide terre.
De sa cuisse de neige à long flot le sang sort
Et ses yeux vont nageant dans l'ombre de la mort.
Autour de lui dressés, ses molosses fidèles
Poussent des hurlements aux voûtes éternelles;
Les nymphes des grands monts gémissent et Cypris
Se jette toute en pleurs sur le corps d'Adonis.

« Arrête, lui dit-elle, ô malheureux, arrête,
Ne te rends pas si vite à ta sombre retraite;
Laisse-moi réchauffer un peu tes membres froids
Et t'embrasser encor pour la dernière fois.
Relève sur mes yeux un moment ta paupière
Et donne-moi d'amour une marque dernière,

Un suave baiser..... que son toucher divin

Fasse passer ton âme entière dans mon sein.

J'enivrerai mon cœur de sa douceur suprême

Et je l'y garderai comme ton beau corps même,

Puisqu'à jamais, hélas! tu t'éloignes de moi,

O mon cher Adonis! c'en est donc fait de toi!

Tu voles sur les bords de l'onde ténébreuse

Vers le roi triste et dur, et moi, moi, malheureuse

Je vis, je suis déesse et je ne puis là-bas

Te suivre! Ah! sur Cypris Perséphone a le pas.

Et tout ce que de beau voit la voûte céleste

Est l'éternel butin de cet être funeste.

Pour moi l'infortune est à son comble, mon cœur

Est à jamais percé des traits de la douleur.

Je pleure mon époux éteint dans sa jeunesse

Par tes mains, Perséphone, et c'est pourquoi, Déesse,

Je te crains..... O très cher, très regrettable ami,

Le bonheur comme un songe avec toi s'est enfui!

Tu meurs et Cythérée est veuve et sa ceinture

Brisée, oh! les amours d'elle n'auront plus cure

Et fuiront son palais..... Quelle témérité

Lorsqu'on reçut des Dieux tant de douce beauté

De courir les forêts avec de noirs molosses

Pour braver la fureur des animaux féroces!

Hélas! c'était ainsi que gémissait Cypris

Et les amours disaient : c'en est fait d'Adonis!

Et Cypris enlacée à ce corps plein de charmes
Mêlait à son sang rouge un égal flot de larmes,
Et leurs ondes du sol faisait naître des fleurs;
La rose vint du sang, l'anémone des pleurs.

Traduit librement de BION.

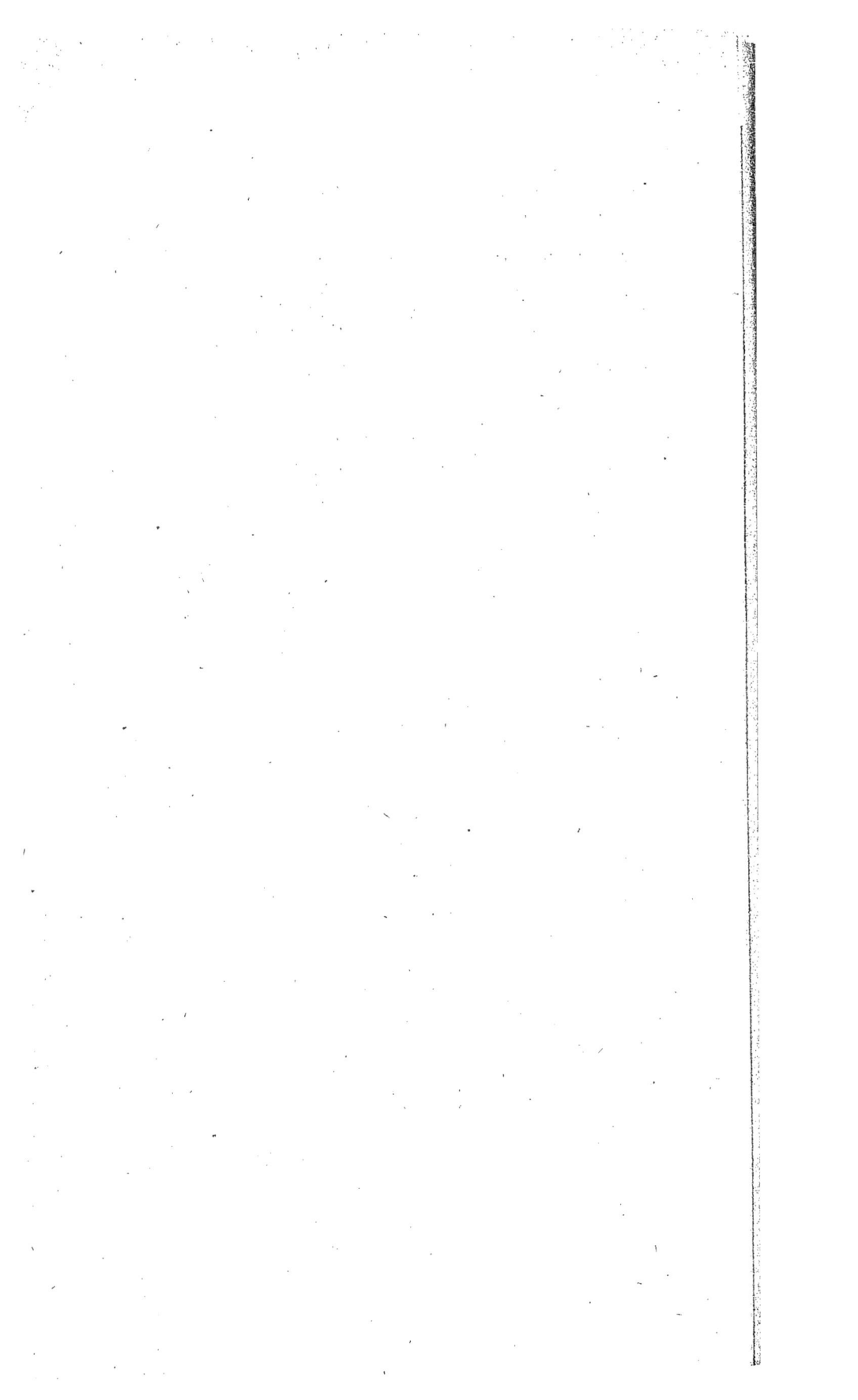

# ÉLOGE DE LA VALEUR

## FRAGMENT

C'est une ignominie au fort d'une bataille
    Que de fuir en tournant le dos,
De choir même en montrant par derrière l'entaille
    Que vous fit la main d'un héros.
Mais il est beau de voir l'homme à l'âme guerrière
    S'offrir de face aux combattants,
Et, les deux pieds fixés solidement à terre,
    Mordant sa lèvre avec ses dents,
Les épaules, le sein couverts par l'orbe immense
    D'un immobile bouclier,
Terrible, par dessus, mouvoir sa forte lance
    Et l'aigrette de son cimier!.....
Jeunes gens, apprenez à bien agir en guerre;
    Des braves imitez les faits;
Sous votre bouclier ne restez pas arrière
    Loin du bruit et du vol des traits!

Au contraire, munis de la pique et du glaive
   Au premier rang élancez-vous
Et sur votre ennemi dextrement et sans trêve
   Portez d'épouvantables coups!
Frappez, casque sur casque, aigrette sur aigrette,
   Pied contre pied, sein contre sein,
Luttez et pique ou glaive, en vigoureux athlète,
   Arrachez l'arme de sa main.....
Des vertus la valeur est la plus précieuse;
   Toutes ont là leur fondement;
De la belle jeunesse aimante, aventureuse
   Elle est la grâce et l'ornement.
Heureux le sol où croît la fleur de la vaillance,
   Heureux le peuple, heureux l'État
Qui peuvent dire avec légitime jactance :
   Nous comptons plus d'un bon soldat!
Quant au brave, vivant, s'il revient de la guerre
   Il est l'orgueil de la cité,
Et s'il meurt, quoiqu'il aille avant le temps sous terre,
   Il passe à l'immortalité.

Traduit librement de TYRTÉE.

# UNE SCÈNE DE L'ILIADE

. . . . . . . . . . . . . . .

Il dit et le héros tend les bras à son fils,
Mais l'enfant se recule et poussant de grands cris
Se jette sur le sein de sa belle nourrice.
Il a peur de son père et, malgré l'air propice,
S'offusque de son casque aux longs crins de cheval..
Le père, à cet effroi du cimier martial,
Sourit, la mère aussi..... Puis Hector de sa tête
Retirant le grand casque à l'ondoyante crête
Le pose sur le sol et, l'œil étincelant,
Donne un tendre baiser à son petit enfant;
Puis, le berçant en l'air entre ses mains vaillantes,
Il implore pour lui les déités puissantes.


« O Zeus, ô roi du ciel et vous tous autres Dieux,
En faveur de mon fils daignez ouïr mes vœux!

Faites qu'à mon exemple en la superbe Troie
Il croisse pour en être et l'honneur et la joie !
Qu'il soit comme moi fort, qu'il soit comme moi bon,
Et règne puissamment dans les murs d'Ilion ;
Qu'en le voyant, vainqueur revenir de la guerre,
On dise il est encor plus brave que son père ;
Et que, les bras chargés d'un trophée éclatant
Pris au corps d'un guerrier par son glaive expirant,
Il fasse, de sa mère attentive aux batailles,
Frémir d'aise et d'orgueil les sensibles entrailles ! »

Après ces mots, Hector replace son enfant
Aux bras de son épouse..... Elle, l'y recevant,
Le presse encor plus fort sur son sein plein d'alarmes
Et lui sourit avec des yeux mouillés de larmes.
Hector en est touché..... de sa robuste main
Caressant Andromaque, il ajoute soudain :
Pauvre femme ! pour moi que ta vive tendresse
Ne noye pas ton cœur en trop grande tristesse !
Nulle main, chez Adés, en son gouffre infernal
Ne plongera mon corps avant le jour fatal.
Brave ou lâche, chacun dès qu'il voit la lumière
Doit subir du destin la force meurtrière.
Retourne en ta demeure où tournent les fuseaux
Et de tes femmes va surveiller les travaux.

Quant à la guerre, elle est la besogne des hommes,
De tous ceux qui sont nés sur la terre où nous sommes.
De la mienne surtout! »

               Il dit et relevant
De terre son grand casque au panache mouvant,
Il s'éloigne rapide, et son épouse émue
Reprend vers le palais sa marche suspendue,
Tournant souvent la tête et répandant des pleurs.
Arrivée, elle voit tout son toit en rumeurs :
Sa présence au milieu de ses dolentes femmes
Excite d'autant plus la frayeur de leurs âmes.
Toutes, dans le palais, pleurent le grand Hector
Et le pleurent tué quoique vivant encor,
Ne pouvant croire, hélas! qu'en la lutte prochaine
Il puisse se soustraire à la lance achéenne.

Traduit d'HOMÈRE.

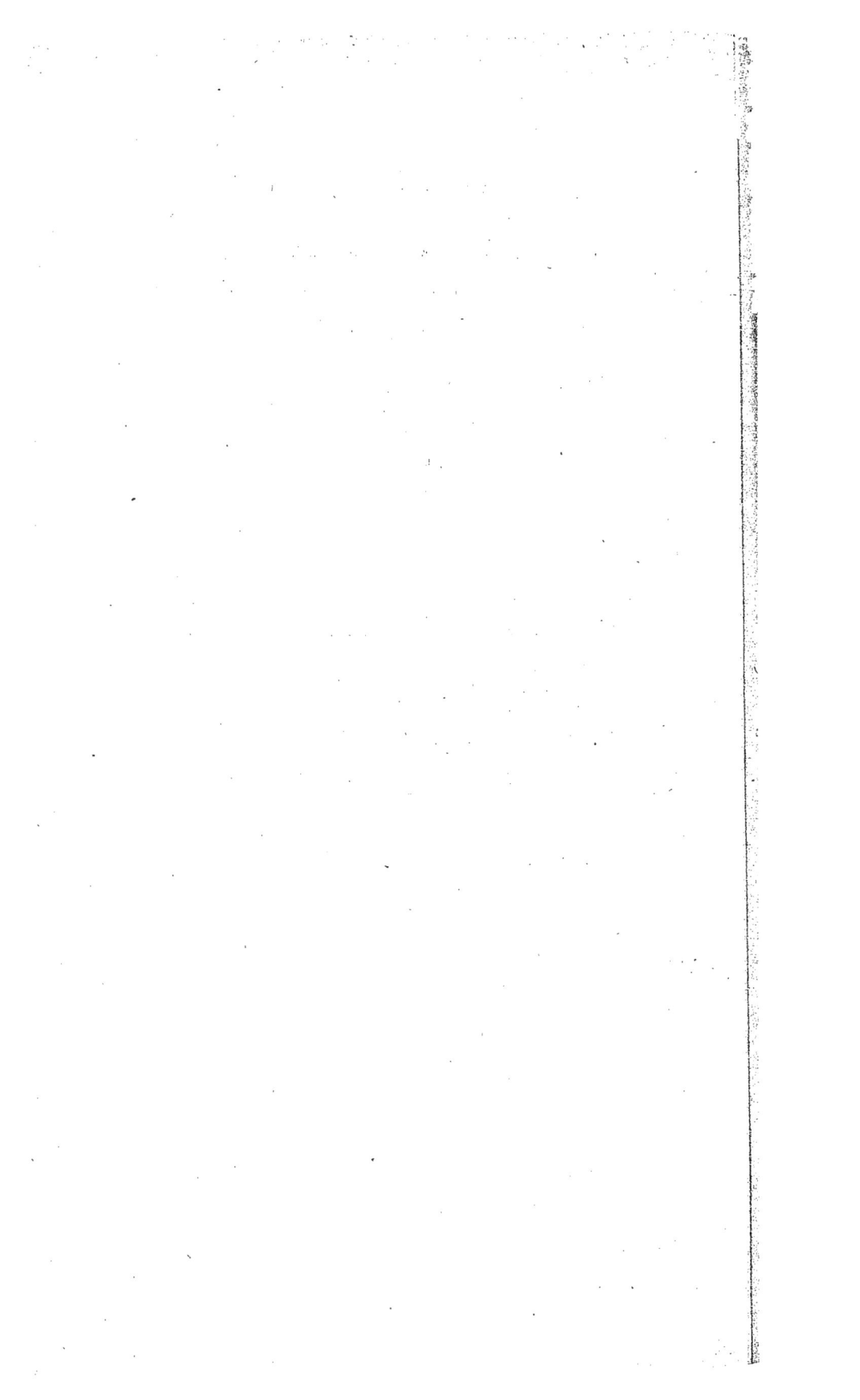

# FRAGMENT DE LA COMÉDIE DE PLUTUS

LA PAUVRETÉ

(Elle s'adresse au chœur.)

O vieilles gens, ô vous de tous les hommes
Les plus enclins toujours à radoter,
Vous, compagnons de tout ce que nous sommes
D'extravagants et de fous à lier,
Si vos désirs étaient remplis sur terre
Nul d'entre vous n'en profiterait guère.
Donc que Plutus revoie entièrement
Et qu'il se donne à tous également,
En jouissant plus que du nécessaire
Aucun de vous ne voudrait travailler,
Apprendre un art, faire quelque métier.
Or, ces besoins forcés de notre engeance
Mis à néant, que serait l'existence?

Qui désormais voudra battre le fer,
Bâtir de nefs et les mener sur mer,
Coudre un habit, tailler une tunique,
Tanner le cuir, façonner de la brique,
Blanchir la laine et creuser les sillons
Pour en tirer, Cérès, tes nobles dons,
Si l'on peut vivre, oisif, en flâneries?

CHRÉMYLE

Mais ce sont là pures niaiseries!
Tous ces travaux, l'esclave les fera.

LA PAUVRETÉ

Ah! cet esclave, où donc on le prendra?

CHRÉMYLE

Mais aux marchés!

LA PAUVRETÉ

Et qui voudra le vendre
Si tout le monde a chez soi de l'argent.

CHRÉMYLE

On trouvera quelque avide marchand
De Thessalie, un pays très fertile
En trafiquants de cette race utile.

## LA PAUVRETÉ

Mais ton système exclut de telles gens.
Quel homme riche et sans besoins urgents
Pour ce trafic voudrait risquer sa vie?
Obligé donc, toi-même, peu dispos,
A cultiver ton champ ou ta prairie
Et pratiquer les plus rudes travaux,
Tu subiras un sort plus misérable
Que celui-là qui maintenant t'accable.

## CHRÉMYLE

Ah! que sur toi retombent tous ces maux!

## LA PAUVRETÉ

Oui, tu n'auras ni bon lit pour t'étendre,
Car où trouver ce meuble précieux;
Ni fin tapis, qui voudrait bien t'en vendre,
Ayant de l'or en ses coffres nombreux?
Où prendrais-tu des parfums pour ta femme,
Tissus brochés, étoffe aux tons de flamme,
Afin d'orner les grâces de son corps?
Tu le vois donc, à quoi bon des trésors
Si l'on ne peut contenter son envie!
Moi, j'agis mieux; moi, je pourvois la vie

De tout ce qui lui manque, abondamment.

Je suis pour l'homme en proie au dénûment

Comme une active et puissante maîtresse ;

Par le besoin j'excite sa paresse

Et je contrains l'artisan pris de faim

A travailler et mériter son pain.

Traduit librement d'ARISTOPHANE.

# LA MORT D'ALCESTE

SCÈNE TRAGIQUE

(Alceste, près de mourir, marche vers son lit, soutenue par Admète, son époux, et par ses femmes. Ses enfants sont autour d'elle.)

## STROPHE 11

### ALCESTE

Hélios, lumière du jour,
Et vous tourbillons des nuages !

### ADMÈTE

Du haut de son brillant séjour,
Hélios voit les durs outrages
Dont l'injuste destin charge deux malheureux
Qui, n'offensant jamais le ciel, n'ont pu sur eux
De la mort s'attirer les rages.

## ANTI-STROPHE II

### ALCESTE

O sol d'Iolcos, ô palais,
Lit nuptial de la patrie !

### ADMÈTE

Courage, Alceste ! pour jamais
Ne nous fuis pas ; Alceste, prie,
Implore encor les Dieux ! du monde rois puissants,
Ils peuvent t'écouter et ranimant tes sens
Te laisser jouir de la vie.

## STROPHE III

### ALCESTE

Je vois la double rame et le canot fatal.....
Le nocher transporteur des ombres,
Caron, la main au croc, sur le bord infernal,
Me poursuit de ses clameurs sombres.
Viens, dit-il, tout est prêt, qui t'arrête aux lieux hauts ?
Descends, allons point ne diffère !

### ADMÈTE

O trajet douloureux ! pauvre femme, à quels maux
Nous laisses-tu livrés sur terre !

### ANTI-STROPHE III

#### ALCESTE

On m'entraîne, on m'entraîne au palais caverneux
De la mort, n'est-ce pas visible?
Adès à l'aile noire, aux sombres sourcils bleus,
Me regarde d'un air terrible.
Adès, que me veux-tu? Quittez-moi..... je me sens
Passer en des lieux que j'ignore.

#### ADMÈTE

O voyage cruel pour ses amis présents,
Ses enfants et moi plus encore!

### ÉPODE

#### ALCESTE

Laissez-moi tous et sur mon lit
Que l'on m'étende, je succombe;
Adès de mon corps se saisit,
Sur mes paupières la nuit tombe.
O mes enfants, mes chers enfants,
Déjà vous n'avez plus de mère;
Puissent en paix vos yeux charmants
Jouir longtemps de la lumière!

ADMÈTE

Hélas! pourquoi suis-je forcé
D'entendre des discours semblables,
Discours dont mon cœur est glacé
Plus que par cent morts effroyables?
Au nom des grands Dieux souverains,
Ne quitte point l'époux qui t'aime!
Par ceux que tu rends orphelins
Ne t'abandonne point toi-même;
Un effort, un effort suprême!
Alceste, je meurs, si tu meurs :
En toi sont ma mort et ma vie;
Songe à l'amitié qui nous lie
Et fait un cœur de nos deux cœurs.

ALCESTE

Avant que, pour toujours, Admète, je te laisse,
Car tu vois trop où va mon état de faiblesse,
Je voudrais à ton cœur dicter mes derniers vœux.
C'est à mon dévoûment, mon culte affectueux,
Que tu dois, cher époux, de demeurer sur terre
Et de voir du ciel bleu rayonner la lumière;
Admète, c'est pour toi que je meurs..... Je pouvais
Vivre encore et régner heureuse en ce palais

Aux bras de quelque enfant de notre Thessalie ;
Mais je n'ai pas voulu, hors du nœud qui nous lie,
Conserver l'existence avec des orphelins ;
Aussi nullement n'ai-je épargné mes destins
Et pleine de jeunessse et faite encor pour plaire
Vais-je quitter la vie. — Hélas! tes père et mère
T'ont délaissé, trahi, quand il était séant,
Même beau de mourir pour sauver leur enfant ;
Car n'en ayant qu'un seul, après lui, leur nature
Ne pouvait espérer une autre géniture.
Je n'ai point fait comme eux. Ah! si l'un d'eux fut mort
Je vivrais, largement tu remplirais ton sort
Et tu ne verrais point loin des yeux de leur mère
Grandir des orphelins. Mais quelque Dieu sévère
Autrement l'ordonna ; j'accomplis ses décrets.
Maintenant, en retour du bien que je te fais,
J'attends de toi non pas une grâce semblable,
Car à la vie est-il un bonheur comparable !
Mais une grâce juste et facile à ton cœur
Et qui de mon trépas adoucira l'horreur.
Tu chéris tes enfants autant que moi, je pense,
Eh bien, ne souffre pas durant leur existence
Que quelque belle-mère, installée en ces lieux,
Maîtresse, leur commande en mots injurieux
Et porte sur leur corps des mains pleines de haine.
Ah! fais qu'un tel malheur jamais ne leur advienne !

12

Toute marâtre est dure aux fils d'un premier lit;
Plus douce est la vipère au poing qui la saisit.
Mon fils aurait au moins un appui dans son père,
Mais toi, que ferais-tu, pauvre enfant, sans ta mère,
O ma fille, comment avec honnêteté
Passerais-tu le temps de ta virginité?
Quelle nouvelle épouse, à te nuire obstinée,
Ne tacherait ton nom et de ton hyménée
N'obscurcirait le jour glorieux et serein?
Car tu ne tiendras pas un époux de ma main
Et je ne pourrai point te donner assistance
En tes couches, moments d'angoisse où la présence
D'une mère est le plus utile des secours.
Hélas! il faut quitter ce monde pour toujours,
Mourir, et quand? Demain, plus tard, non tout de suite;
Encore un seul instant et mon âme est en fuite,
Alceste est chez les morts..... Recevez mes adieux,
Admète, chers enfants, vivez, vivez heureux!
Ah! tout en me perdant que votre âme soit fière,
Amis, de m'avoir eue et pour femme et pour mère!

LE CHŒUR

(A la Reine.)

Courage, ton époux est un cœur généreux;
S'il ne perd point l'esprit il remplira tes vœux.

ADMÈTE

Oh, oui! j'accomplirai tous les vœux de ton âme,
Alceste, ne crains rien! Seule, tu fus ma femme,
De ton vivant et morte encor tu la seras.
Nulle Thessalienne, après ton dur trépas,
Comme épouse jamais n'entrera dans ma couche;
Jamais du nom d'époux son amoureuse bouche
Ne me couronnera, car, quel que soit son rang,
Aucune ne te passe en noblesse de sang,
Comme aucune en beauté ne te fut comparable.
Pour des enfants, j'en ai plus qu'il n'est désirable
D'en avoir, c'est pourquoi je ne demande aux Dieux
Que de garder longtemps ces êtres précieux
Et longtemps de jouir de leur douce caresse,
Puisqu'Alceste, leur mère, échappe à ma tendresse.
Je porterai ton deuil, ah! non point seulement
Un an, mais tous mes jours, jusqu'au dernier moment,
Détestant, maudissant et mon père et ma mère
Dont l'amitié me fut si fausse et mensongère :
Tandis que toi, quittant le plus aimé des biens,
Tu prodiguais tes jours pour conserver les miens.
Comment ne pas pleurer une épouse semblable!
Adieu les doux festins, les compagnons de table,
Les couronnes, les chants, plaisirs de mon palais!
Je ne pincerai plus la lyre désormais

Et plus n'exciterai ma voix de douleur pleine

A chanter aux accords de la flûte lybienne.

En te perdant je perds tout désir de gaîté

Et tout bonheur au monde avec toi m'est ôté.

Au contraire, au moyen d'une cire ductile,

Je ferai par les doigts de quelque artiste habile

Représenter ton corps jusqu'en ses moindres traits ;

Je le ferai placer sur mon lit, puis auprès

Me couchant, des deux mains j'étreindrai cette image,

L'appelant de ton nom et, malgré mon veuvage,

Je croirai te tenir vivante dans mes bras :

Satisfaction vaine et froide, n'est-ce pas ?

Pourtant elle devra consoler ma misère

Et même il se pourra que ton image chère

Repasse devant moi quand s'enfuira le jour ;

Même en songe il est doux de revoir son amour !

Ah ! que n'ai-je la langue et le talent d'Orphée

Comme lui, par mes chants l'âme toute échauffée,

Que ne puis-je attendrir la fille de Cérès

Et son terrible époux ! Au royaume d'Adès

Je descendrais et là, ni le grand chien Cerbère

Ni le nocher des morts à la figure austère

Ne m'arrêteraient point que mon bras glorieux

N'eût ramené ta vie à la clarté des cieux ;

Mais de la mort il faut longtemps attendre l'heure.

Chère Alceste, va donc préparer la demeure

Où je dois avec toi reposer pour toujours!
Je veux dès que ma vie aura fini son cours
En ton propre tombeau que l'on m'ensevelisse
Et que mon corps au tien côte à côte s'unisse :
Puisse la mort jamais ne m'éloigner d'un cœur
Qui seul me fut fidèle au moment du malheur!

### LE CHŒUR
#### (Au roi.)

Je partage ton deuil et ta douleur extrême
Comme un ami les maux du tendre ami qu'il aime;
Je le fais par respect aussi pour les vertus
De celle qui bientôt ici ne sera plus.

### ALCESTE

Enfants, vous-même avez entendu votre père,
Enfants, il l'a juré : de votre pauvre mère
Nulle autre ne prendra la place en ce palais
Et son cœur doit garder ma mémoire à jamais.

### ADMÈTE

Oui, je te le promets, toujours, je le répète.

### ALCESTE

A ce prix reçois donc ces deux enfants, Admète!

### ADMÈTE

Chère main, je reçois ton présent solennel.

ALCESTE

Sois leur mère et remplit l'office maternel!

ADMÈTE

Ce devoir envers eux n'est que trop nécessaire.

ALCESTE

Quand il me faudrait vivre, hélas! Je vais sous terre.

ADMÈTE

Hélas! que devenir sans toi, sans ton soutien?

ALCESTE

Tu te consoleras; les morts ne sont plus rien.

ADMÈTE

Alceste, entraîne-moi sous la terre profonde!

ALCESTE

C'est assez que pour toi j'abandonne le monde.

ADMÈTE

De quelle femme, ô sort, tu vas priver mes jours!

ALCESTE

Des ombres du trépas je me sens les yeux lourds.

ADMÈTE

Ah! c'en est fait de moi, si tu pars, chère femme!

ALCESTE

Au nombre des vivants ne comptez plus mon âme.

ADMÈTE

Relève un peu le front..... Ne fuis pas tes enfants !

ALCESTE

Bien malgré moi je fuis leurs baisers étouffants.

ADMÈTE

Tourne encor l'œil sur eux, regarde-les, Alceste !

ALCESTE

Ah ! je ne suis plus rien.....

ADMÈTE

Ne t'en vas pas, oh reste !

ALCESTE

Adieu !

ADMÈTE

Je tombe mort.

LE CHŒUR

Elle a fui pour jamais :
Sans épouse sur terre Admète est désormais.

Traduit d'Euripide.

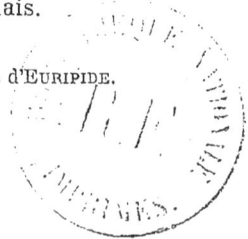

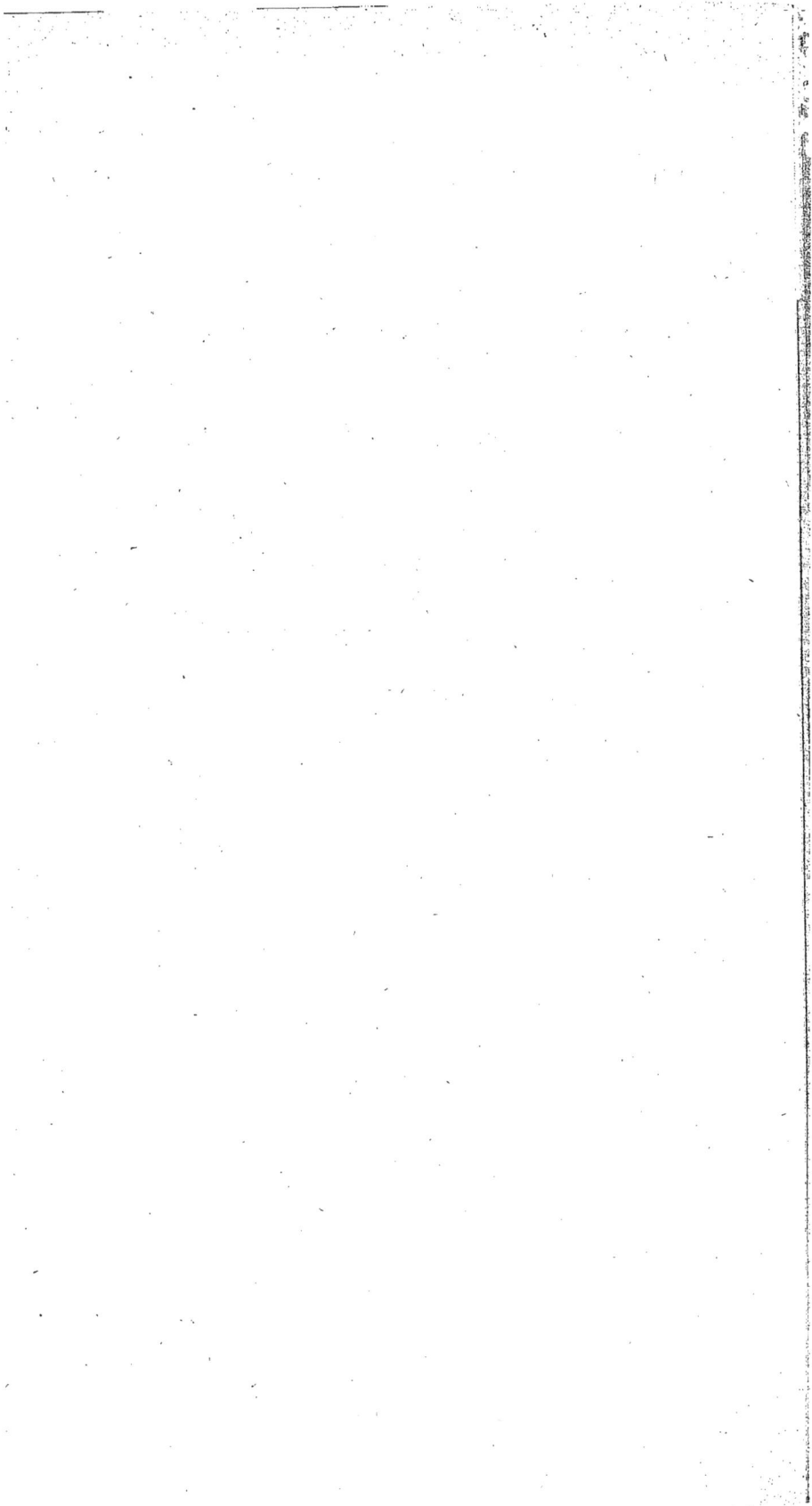

# PENSÉES DE PINDARE

## I.

Homme qui passes sur la terre,
Qu'est-ce être ou n'être pas? Ta vie est un instant;
C'est le rêve d'une ombre, encore n'est-il brillant
Et doux qu'autant que Zeus y répand sa lumière.

## II.

Tout ce qu'on entreprend au rebours de *nature*
Et l'on fait sans souci de la *divinité*
Est œuvre secondaire et de faible structure
Peu digne de passer à la postérité.

Traduit librement du grec.

# TABLE DES MATIÈRES

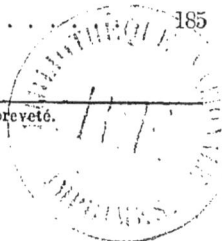

Fontainebleau. — E. Bourges, imp. breveté.

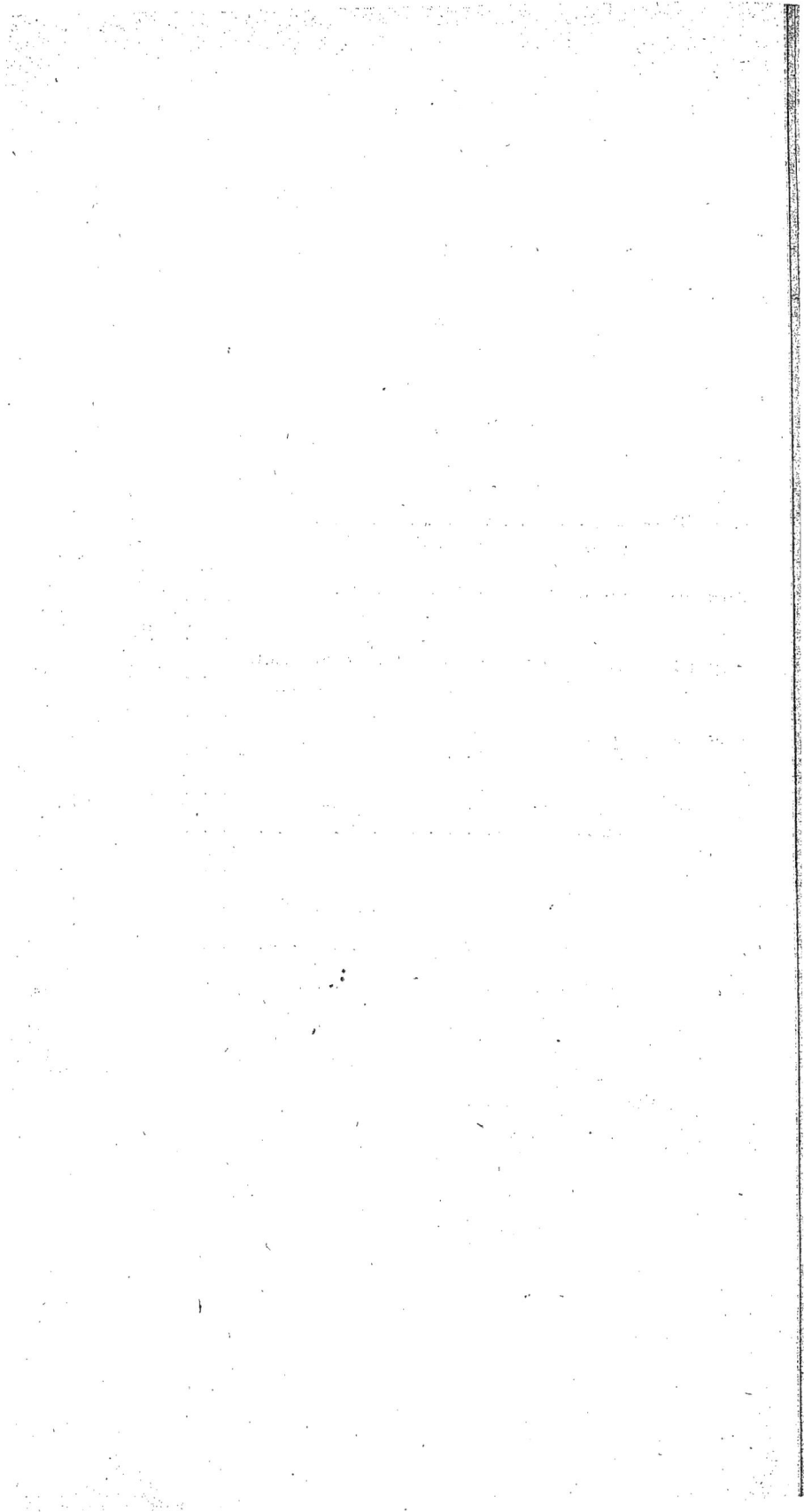

# ERRATA.

Page 37. — Au lieu de : c'est *la* folle diablerie,
        Lisez :       *c'est folle diablerie;*

Page 65. — Au lieu de : il *étale* ses feux,
        Lisez :       *il exhale ses feux*

Page 115. — Au lieu de : la beauté de tes *bords* fleuris,
        Lisez :      *la beauté de tes bois fleuris*

Page 170. — Au lieu de : bâtir *de* nefs,
        Lisez :      *bâtir des nefs*

Page 185. — Au lieu de : *encore* n'est-il brillant.
        Lisez :      *encor n'est-il brillant*

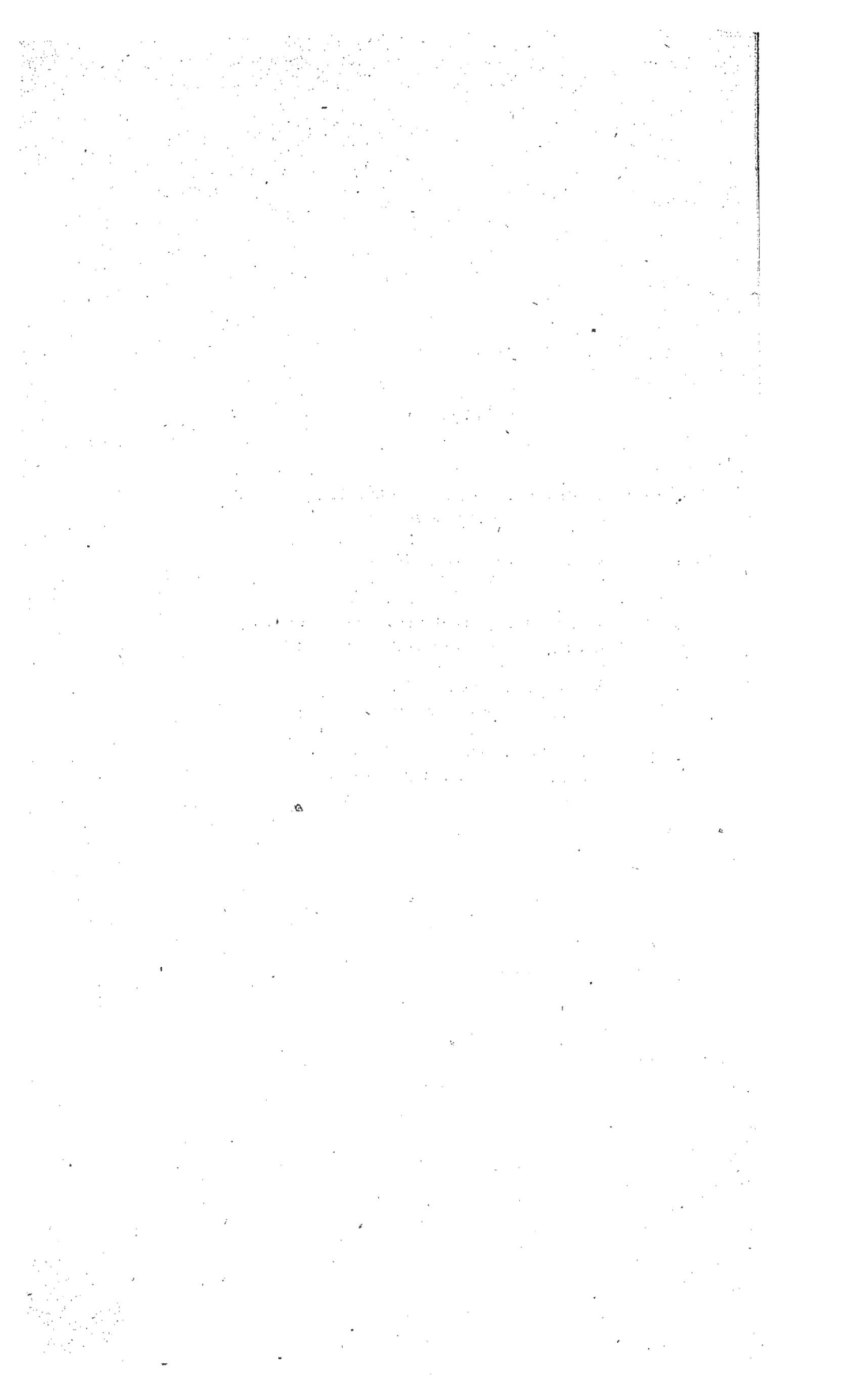

# A LA MÊME LIBRAIRIE

## HONORÉ BONHOMME.

Louis XV et sa famille d'après des lettres et des documents inédits. 1 vol. gr. in-18 jésus .............. 3 50

## CHAMPFLEURY

Histoire de la caricature antique, 2e édition. 1 vol. gr. in-18 orné de 100 gravures .................... 5 »

Histoire de la caricature moderne, 2 édition. 1 vol. gr. in-18 orné de 90 gravures .................... 5 »

Histoire de la caricature au moyen âge. 1 vol. gr. in-18 orné de 90 grav. 5 »

Histoire de la caricature sous la Réforme et la Ligue. 1 vol. gr. in-18 orné de 90 gravures ............ 5 »

Histoire de la caricature sous la Révolution, l'Empire et la Restauration. 1 vol. grand in-18 jésus orné de 95 gravures .................. 5 »

Histoire des faïences patriotiques sous la Révolution. 1 vol. gr. in-18, orné de grav .................... 5 »

Histoire de l'imagerie populaire. 1 v. gr. in-18 av. 50 grav .......... 5 »

L'Hôtel des commissaires-priseurs. 1 v gr. in-18 .................... 3 »

Souvenirs et portraits de jeunesse. 1 vol .................... 3 50

## C. DESNOIRESTERRES

Les Cours galantes, histoire anecdotique de la société polie au XVIIIe siècle. 4 vol. in-18 .............. 12 »

## VICTOR FOURNEL

Ce qu'on voit dans les rues de Paris. 1 fort vol. gr. in-18 .......... 3 50

Les spectacles populaires et les artistes des rues, tableau du vieux Paris. 1 vol. gr. in-18 ........ 3 50

## ÉDOUARD FOURNIER

L'Esprit des autres recueilli et raconté. 6e édition. 1 vol. in-18 ........ 5 »

L'Esprit dans l'histoire, recherches sur les mots historiques, 4e édition. 1 vol. in-18 .................... 5 »

Le Vieux-Neuf, histoire ancienne des découvertes modernes, nouvelle édition. 3 vol. gr. in-18 jésus ........ 15 »

Histoire du Pont-Neuf. 2 vol. in-18, avec photographie .................. 6 »

La Comédie de J. de La Bruyère. 2 vol. in-18 .................... 6 »

Paris-Capitale. 1 vol. gr. in-18 jés. 3 50

## AUGUSTE LEPAGE.

Les Cafés politiques et littéraires. 1 v. in-16 .................... 2 »

## PAUL FOUCHER

Les Coulisses du passé, histoire anecdotique du théâtre depuis Corneille. 1 fort. vol. gr. in-18 ........ 3 50

## H. HOSTEIN

Historiettes et Souvenirs d'un homme de théâtre. 1 vol. in-18 ........ 3 »

## LAFERRIÈRE

Mémoires d'un Comédien. 2 vol. gr. in-18 .................... 6 »

## GEORGES D'HEILLY

Dictionnaire des pseudonymes, révélations sur le monde des lettres, du théâtre et des arts. 2e édition, 1 fort vol. gr. in-18 jésus .......... 6 »

Journal intime de la Comédie-Française, 1852-1871. 1 fort vol. gr. in-18.. 6 »

## HALLAYS-DABOT

Histoire de la censure théâtrale en France. 2 vol. in-18 .......... 4 50

## ARSÈNE HOUSSAYE

Galerie du XVIIIe siècle. 4 vol. grand in-18 jésus .................. 14 »

## ÉD. ET JULES DE GONCOURT

Sophie Arnould d'après sa correspondance et ses mémoires inédits. 1 vol. petit in-4e avec eaux-fortes.... 10 »

L'Amour au XVIIIe siècle. 1 vol. in-16 avec eaux-fortes .............. 5 »

La Saint-Huberty, d'après sa correspondance et ses papiers de famille. 1 vol. in-16 avec eaux-fortes.. ..... 5 »

## JULES JANIN

La Fin d'un monde et du Neveu de Rameau, nouv. édit. revue et augm. 1 v. gr. in-18 jésus .............. 3 50

## CH. PAUL DE KOCK

Mémoires écrits par lui-même. 1 vol. gr. in-18 .................... 3 50

## M. DE LESCURE

Les Maîtresses du Régent. 1 fort vol. in-18 .................... 4 »

Nouveaux mémoires du maréchal duc de Richelieu 1696-1788, rédigés sur des documents authentiques. 4 vol. gr. in-18 jésus .................. 14 »

## AMÉDÉE PICHOT

Souvenirs intimes de M. de Talleyrand. 1 vol. gr. in-18 ............ 3 50

## CH. POISOT

Histoire de la musique en France, depuis les temps les plus reculés jusqu'à nos jours. 1 v. in-18 .......... 4 »

## CH. NISARD

Des Chansons populaires chez les anciens et chez les Français, essai historique suivi d'une étude sur les chansons des rues contemporaines. —2 vol. gr. in-18 avec gravure .................. 10 »

## LOUIS XVI

Journal particulier, publié sur des documents inédits par Louis NICOLARDOT. 1 vol. gr. in-18, p. vergé ...... 5 »

## H. DE VILLEMESSANT

Mémoires d'un journaliste. 6 vol. gr. in-18 jésus .................. 18 »

## ED. WERDET

Souvenirs de la vie littéraire. 1 vol. gr. in-18 jésus .................. 3 50

## IMBERT DE SAINT-AMAND

Les femmes de Versailles. 5 vol. gr. in-18 .................... 17 50

Paris. — Imp. de l'Étoile. BOUDET, directeur, rue Cassette, 1.